法律专家为民说法系列丛书

法律专家
教您常见刑事犯罪如何定罪与量刑

丁文枢 编著

吉林文史出版社

图书在版编目（ＣＩＰ）数据

法律专家教您常见刑事犯罪如何定罪与量刑 / 丁文
枢编著. — 长春 : 吉林文史出版社
（法律专家为民说法系列丛书 / 刘岩主编）
ISBN 978-7-5472-1693-4

Ⅰ. ①法… Ⅱ. ①丁… Ⅲ. ①刑事犯罪－定罪－基本
知识－中国②刑事犯罪－量刑－基本知识－中国 Ⅳ.
①D924.3

中国版本图书馆 CIP 数据核字(2013)第 222351 号

法律专家教您常见刑事犯罪如何定罪与量刑

编　　著	丁文枢
责任编辑	李相梅
责任校对	宋茜茜
丛书主编	刘　岩
封面设计	清　风
美术编辑	李丽薇
出版发行	吉林文史出版社(长春市人民大街 4646 号)
	全国新华书店经销
印　　刷	三河市祥宏印务有限公司
开　　本	720mm×1000mm　1/16
印　　张	12
字　　数	100 千字
标准书号	ISBN 978-7-5472-1693-4
版　　次	2015 年 7 月第 1 版
印　　次	2018 年 6 月第 3 次
定　　价	35.00 元

如发现印装质量问题,影响阅读,请与印刷厂联系调换。

法律专家为民说法系列丛书

编委会

主　编

刘　岩

副主编

马宏霞　　孙志彤

编　委

迟　哲	赵　溪	刘　放	郝　义
迟海英	万　菲	秦小佳	王　伟
于秀生	李丽薇	张　萌	胡金明
金　昊	宋英梅	张海洋	韩　丹
刘思研	邢海霞	徐　欣	侯婧文
胡　楠	李春兰	李俊焘	刘　岩
刘　洋	高金凤	蒋琳琳	边德明

PREFACE

【前 言】

　　现代社会瞬息万变,新事物和新现象层出不穷,日常生活中老百姓面对的诱惑和冲突也日益增加。在新形势下,秉承老观念的群众出现了不适应的情况,有时候甚至不知道应该如何处理遇到的问题。因此,除非掌握必要的法律知识,否则老百姓很难了解合法行为的界限,难免会漠视法律甚至以身试法。

　　一方面,我国的《刑法》不断完善;另一方面,我国的刑事犯罪时有发生,青少年犯罪增多并呈现低龄化趋势,成为社会发展的毒瘤。民事纠纷多侵犯他人的财产权利和较轻的人身权利,多以财产赔偿了结;而刑事责任往往会造成被害人财产权利和人身权利的严重损害,并影响犯罪分子的自由甚至生命,其后果不可谓不严重。2004 年,云南大学学生马加爵杀害 4 名同学被执行死刑,酿成了 5 个家庭的悲剧。轰动一时的"毒奶粉"事件中,三鹿奶粉添加三聚氰胺牵出了奶业的不良做法,既危害了婴幼儿的健康,也让相关人员受到了法律的惩治,给我国的奶业带来了致命的打击,真是利益熏心、害人又害己。这些活生生的案例虽然只是个案,但却已经造成了极其恶劣的影响,不能不引起我们的注意,尽量避免悲剧再次发生。

为此,作者将梳理《中华人民共和国刑法》中与生活息息相关的罪名及其定罪量刑情形,以案例等生动的形式加以解说和引申,帮助读者尽快明确违法地带,合法行事。作者所列的罪名只是《刑法》中的一部分罪名,但这些罪名与老百姓的关系最为密切,在日常生活中也更多发。通过了解常见的案例,老百姓就能对日常生活的行为准则有初步的判断,进而有能力学习更多的法律知识,了解更多的违法犯罪情形。

目 录
CONTENTS

1.故意伤害罪如何量刑?

故意伤害案件是日常生活中最常见的类型之一，常源于老百姓之间的矛盾冲突甚至是一些微不足道的琐事。故意伤害案件有的经过预谋，但更多的属于激情犯罪，具有极强的偶发性，犯罪分子常因为争吵或一时逞强大打出手，酿成严重后果。人群聚集的网吧等娱乐场所是故意伤害案件的多发地，饮酒和吸食毒品会进一步导致当事人的情绪波动和寻衅滋事。同时，夏天高温难耐，人往往脾气烦躁，更容易因为一点小事而无理取闹，导致事态扩大。如果老百姓对故意伤害罪不加以注意，不可退步，相互僵持，故意杀害情形往往一触即发，后果不可设想。因此，我国法律对故意伤害罪做出了明确的规定，老百姓应当在日常生活中多加注意，避免伤害事件的发生。

《中华人民共和国刑法》第二百三十四条规定:"故意伤害他人身体的，处三年以下有期徒刑、拘役或者管制。犯前款罪，致人重伤的，处三年以上十年以下有期徒刑；致人死亡或者以特别残忍手段致人重伤造成严重残疾的，处十年以上有期徒刑、无期徒刑或者死刑。"另外，组织和利用邪教组制造、散布迷信邪说，指使、胁迫其成员或者其他人实施自杀、自伤行为的，也会触犯故意伤害罪。故意伤害的发生的情形多样，危害也各不相同，应当结合《中华人民共和国刑法》的规定具体分析。

故意伤害罪，与一般的打架斗殴行为并不相同。打架斗殴行为并无严格的构成条件，一般只造成双方身体上的疼痛和难受，如表皮损坏或红肿等，并无大碍；而故意伤害必须损害他人的身体健康，既可以是对他人人体组织完整性的破坏，也可以使他人人体器官无法展开正常活动,如断臂或失明等。对于打架斗殴行为,一般只能按照《治安管理处罚条例》施加行政处罚,不可适用《中华人民共和国刑法》的规定。因此,在出现伤害事件或者打架斗殴行为时,要对伤害进行鉴定和判断,从而确定是否构成故意伤害罪和处理的程序。

对他人的伤害主要包括轻微伤、轻伤和重伤,它们的处理规则存在很大区别。故意伤害罪中的伤害仅包括轻伤和重伤,并不包括轻微伤。能自行修复或经治疗后对器官机能并无影响的轻微伤,不构成故意伤害罪,但应受到一定的行政处罚。而轻伤是指需要经过专门的治疗和护理但治疗后只使劳动能力有轻度下降的伤害,已构成故意伤害罪。故意伤害致人轻伤属于自诉案件,需要被害人或其法定代理人、近亲属以及他们的诉讼代理人在法定的诉讼时效期限内提起诉讼,否则法院不受理。因此,当事人可以通过和解解决矛盾,自诉人也可在提起自诉后撤诉。故意伤害致人重伤的,属于公诉案件,当事人不能和解,该案只能通过侦查、起诉、审判阶段了结。在具体的案件中,伤害的鉴定至关重要,涉及到是否使用故意伤害罪和能否和解,应加以注意。

案例 1:

沈某与林某经常一起赌博。近来,沈某运气较差,逢赌必输。手头紧张的沈某只能一直向林某借钱,林某比较大方,一般有求必应。林某的儿子想在市区买婚房,林某向沈某催讨欠款,多次催讨无果。林某想到自己每次都尽可能帮助沈某,现在自己急需要用钱,沈某竟然拖着不还,实在是太没有良心了,便出口大骂。本就郁闷的沈某不堪忍受其辱骂,随手抄起桌上的水果刀,竟将林某左手的食指砍下,沈某随即被拘留。经鉴定,该伤害属于轻伤。林某支付医疗费约 1 万 5 千元,却要沈某支付 10 万元赔偿金才同意和解。

案例 1 在日常生活中不少见,因金钱关系、口角引发的故意伤害可大可小。林某遭受的是轻伤,该案属于自诉案件,沈某若能与林某达成和解就能免去刑事责任。但林某狮子大张口,主张 10 万元,确实有点强人所难。和解本是双方自愿的行为,法律上并没有强制的规定。除非林某同意和解,否则有关机关不能强制林某和沈某和解。当务之急,沈某应向有关机关申请取保候审,免于羁押,即提出保证人或者交纳保证金,并保证随传随到。当然,如果对鉴定结果有异议,也可提出,轻微伤还是轻伤对最终的处理过程和处理结果有十分重要的影响。如果林某受的是轻微伤,那么沈某将不构成故意伤害罪,面临的麻烦也将小很多。采取取保候审措施后,沈某及其家人、诉讼代理人应当广泛收集证据,寻找对自己有利的内容,并积极与林某进行洽谈,尽可能取得折中的数额,尽快了结这起故意伤害案件。倘若林某提起诉讼并始终无法取得和解,那么只能根据法院的最终审判结果执行,两者的利弊只能由当事人自己判断。

案例 2:

王某是一名普通的农村妇女,饱受没文化的痛苦,一心想将女儿培养成才。虽然家里的经济条件并不好,但她仍坚持送女儿去上各种补习班。无奈女儿玩心过重,成绩一直不理想。在期末考试中,女儿的数学考得很差。王某看着女儿错得一塌糊涂的试卷,越看越生气,认为自己的钱都打水漂了。在遭到女儿的口头顶撞后,王某一气之下打了女儿两记耳光,致使女儿左耳外伤性鼓膜穿孔,经鉴定为轻伤。

案例 2 常出现在家庭生活中,部分家长因望子成龙、望女成凤,当结果不理想时往往脾气暴躁,拿小孩子出气。这当然也跟中国人的传统观念有关,孩子被看作是父母的"附属品",父母会觉得自己对孩子的前途和发展方向有绝对的发言权,教训孩子也会变得天经地义,即使教训孩子的过程中出了问题也是家事,其他人或者有关机关根本没有权利干涉。其实,从教育的角度来说,体罚不是最好的办法,它只能压抑孩子的天性和灵气,导致孩子和家长的关系逐渐疏远;另外,孩子作为一个独立的个体,享有同等的人身权利,父母无权剥夺,王某没有权利对女儿进行体罚。对孩子体罚造成的损害符合故意伤害罪的构成要件,父母需要以故意伤害罪论处,承担相应的刑事责任,并不会因为"家事"而免责。另外,媒体上经常报道部分父母因为孩子有缺陷或自己的处境困难而伤害小孩或将小孩遗弃,这种行为实际上也已经构成了故意伤害罪或遗弃罪。总而言之,父母应当注意管教和培养的方式,并尊重孩子的各项权利,否则既达不到教育的目的,又有可能触犯法律的规定,使自己陷入不利的境地。

案例3:

陈某和尹某都是老实巴交的农民,但他们两人的脾气都非常顽固,认准的事情不愿意改变。陈某和尹某两家是邻居,平常关系不错。陈某想在自家院子外面的东南角建一个化粪池,尹某觉得化粪池的臭味会影响到自己的生活,就破坏了陈某快要建好的化粪池。陈某十分气愤,又在原来的地方建造了一个新的化粪池。就这样,陈某建、尹某拆,来来回回好几个回合。某天下午,陈某正在清理化粪池,尹某提出拆除化粪池没有得到陈某的同意,尹某一气之下就用石头填满了陈某的化粪池。陈某也不示弱,将尹某推倒,并在他的胸口踢了两脚,导致尹某左侧胸部第4、5、6根肋骨骨折,鉴定结果为轻伤。

案例3是较常见的邻里纠纷。陈某和尹某平日里关系不错,但是就因为化粪池这些琐事能够使得两个人大打出手,完全不顾平日里的情分。改造房子、建造化粪池,对于一个农民来讲是好事,邻居们应该理解和支持,尹某就算要发表想法也应该跟陈某讲道理,而不是直接拆除化粪池激怒陈某,使局面不可收拾。同样,陈某建造化粪池也要尽量考虑邻居的想法和便利,如果将化粪池装在自己的院子里,对于双方来说都没有什么损失,又可以避免一场不必要的纠纷。有时候,自己的不让步和态度的坚决会激化双方的矛盾,反而不利于问题的解决,导致化粪池迟迟没有建好。虽说本案是因尹某拆除化粪池所引起的,但是陈某踢打尹某并造成尹某左侧胸部第 4、5、6 根肋骨骨折,陈某对尹某造成轻伤的行为已经触犯了法律的规定,构成故意伤害罪。因尹某所受的伤害为轻伤,如果取得尹某的谅解,双方可以通过和解结案,这也算是最好的解决方式。

2.故意杀人罪如何量刑?

故意杀人罪是性质较恶劣、社会危害较大的一种犯罪,老百姓对其也有一定的了解。与故意伤害罪引发的身体损害不同,故意杀人罪则故意剥夺他人的生命。生命权利是人身权利中最基本、最重要的权利,不管被害人是否实际被杀,不管犯罪分子的犯罪行为实行到什么阶段,都构成犯罪,都会被追究刑事责任。《中华人民共和国刑法》第二百三十二条规定:故意杀人的,处死刑、无期徒刑或者十年以上有期徒刑;情节较轻的,处三年以上十年以下有期徒刑。

故意杀人的手段很多,既可以采取一定的行为,又可以是对自己有救助义务的对象采取不作为,眼睁睁地看着对方死亡;既可以采用一定的工具,也可以是徒手杀人。一般来说,采取什么手段并不会影响故意杀人罪是否成立。但是,采用放火、爆炸、投毒等方式杀人的,会对其他人的生命安全构成威胁,造成的后果很难事先估计,这种行为将会触犯放火罪、爆炸罪、投毒罪,情况也会更加复杂。

任何人都无权故意剥夺他人的生命,即使得到被害人的同意。很多患者不堪忍受身体的不适,希望家人帮助其早早了却余生,即所谓的"安乐死"。安乐死包括作为的安乐死和不作为的安乐死。不作为的安乐死是指对濒临死亡的患者,根据其意志不加以治疗,任由其自然死亡,这种情形一般不以故意杀人罪论处。而作为的安乐死是指通过积极的手段提前结束患者的生命,这种行为是违法的,犯罪分子仍应以故意杀人罪论处。

令被害人自杀的情形也十分复杂,包括相约自杀、致人自杀,要却别对待。相约自杀在原则上不被允许,具体情况如下:相约自愿共同自杀,一方自杀未遂的,一般不以故意杀人罪论处;行为人受托将对方杀死,继而自杀未遂的,行为人以故意杀人罪论处;与他人假意相约共同自杀,诱骗他人自杀的,也以故意杀人罪论处。致人自杀(包括教唆他人自杀)是否构成犯罪,主要看行为人在自杀行为中所起的作用。如果行为人的行为只是一般的错误或违法行为,自杀主要是由自杀者本身的心理因素造成的,行为人的行为不构成犯罪。如果行为人的行为利用自杀者较差的意志控制能力,对自杀者的自杀行为有着直接、必然的联系,应当被追究法律责任,一般以故意杀人罪论处。

案例 4:

薄某和儿子与被害人因经济利益发生矛盾,被害人言辞威胁薄某的儿子。薄某认为被害人已经威胁到儿子的人身安全,为了保护自己的儿子,薄某就起了杀意。薄某找来帮手张某安排被害人入住酒店。薄某与张某携带毒药来到被害人入住的酒店,张某拿着毒药候在门外,薄某则进入酒店内与被害人商谈。趁被害人酒醉喝水之时,薄某把张某叫进房间内,将交由张某携带的毒药倒入被害人口中,致使被害人死亡。薄某以故意杀人罪被判处死刑,缓期 2 年执行,张某以故意杀人罪被判处9 年有期徒刑。

案例 4 中薄某认为被害人已经威胁到儿子的人身安全,才杀死被害人来保护自己的孩子。母亲对自己的孩子都是无私的,都会倾尽所有为孩子创造最好的条件,更不要说是拼命保护他们的安全。薄某的这种护子心切是可以理解的,但是杀人绝对不是解决问题的好方法。薄某虽然为儿子除掉了威胁,但是却让自己遭受了牢狱之灾,同时也将两个家庭的生活彻底打乱,对自己的儿子又何尝不是一种伤害。遇到事情,冲动只会误事,理智的做法是通过沟通等良性的方式解决相互之间的紧张关系。而本案中,张某奉薄某之命携带她准备好的毒药到酒店,并协助薄某谋杀被害人,张某是该起故意杀人案的从犯,故从轻处罚。在日常生活中,因为感情或职务上的原因,某些人在不明法律责任的前提下帮助他人购买凶器、望风、制服当事人,最终触犯法律而锒铛入狱。这告诫我们,帮助他人必须限定在合法至少不违法的范围内,否则同样会以犯罪分子所犯之罪加以处理,未免有些可惜。

案例 5:

沈某(女)和王某(男)结婚不久就产生矛盾,常有言语和肢体冲突。一日,两人又为琐事争吵,王某以自杀相逼,去买了一瓶农药。沈某见王某能力差且任性,就将该农药带回家藏在房间的衣橱里。没过几天,两人又发生口角,沈某睡到了客厅沙发上。半夜,沈某听到从房间传来丈夫的"哼哼"声,并闻到了一股很浓的农药味道。走进房间,只见床边放着那瓶农药,王某奄奄一息,大小便失禁。沈某想起婚后的种种矛盾,咽不下这口气,就回到客厅沙发上继续睡觉,放任王某一个人在房间里而不采取救助措施。为了掩盖真相,她用王某的手机给自己的朋友发了几条短信,说"自己对不起妻子",清理完房间后才打电话给王某的父母。

案例 5 中沈某的做法确实令人惊讶,夫妻之间的磕磕碰碰本就正常,她又为何能狠心见死不救? 需要指出的是,法律和道德存在明显的不同:道德主张人们做一个好人,乐于助人,无私奉献;法律则只要求人们不做坏事。因此,未达到道德的要求并不一定违法,对于陌生人的救助当属善举,却不是法律规定的义务,行为人有一定选择自己行为的权利。但是,沈某和王某是夫妻,他们之间存在特殊的关系,有义务救助对方。沈某可以预见王某有自杀的倾向,仍将农药带回家,对他进行言语刺激,发现王某自杀后不管不顾,使其错失救助的良好时机,甚至伪造短信、现场,这种行为已不只属于道德范畴,已触犯法律的边界。这种不作为的故意杀人罪的成立有相应的条件,需要行为人对被害人承担法律上的救助义务,这种救助义务往往因血缘、职务、先前原因而产生。沈某和王某是夫妻,应当相互扶持,他们之间是存在法律上的救助义务,沈某看到王某自杀、奄奄一息,必须要竭尽自己的能力去救助王某,而不能不顾救助义务任由王某死亡。沈某的不作为最终导致王某死亡,已经符合了故意杀人罪的构成要件,应当以故意杀人罪论处。

案例 6:

　　李某中风行动不便已有二十多年了,儿子邓某一直比较孝顺,平日里悉心服侍母亲。李某不堪忍受病痛,希望早点了却性命。她请求儿子给她喂农药。李某起初不肯答应,还不停地劝母亲想开些。谁知母亲是狠了心要了结生命,几番乞求儿子,希望儿子能够理解她的痛苦,并帮帮她。邓某在母亲的连续哀求下,不忍母亲再受病痛的折磨,最终同意帮母亲买农药,并将它喂给母亲吃。李某最终农药中毒死亡,结束了病痛,也结束了生命。

　　案例 6 反映的是积极安乐死的行为。从安乐死的个案来说,是有其合理性的。本案中,李某病痛难耐,才求儿子喂她农药。可以说,邓某是取得了李某的同意才剥夺母亲的生命,这对于母亲来说又何尝不是一种解脱。但是,法律在思考问题的时候并不局限于个案,而是要考虑社会关系的全局运作。如果安乐死被不法分子利用,那么就可能演化为一种新的杀人手段。病人也许不想死,但是犯罪分子可以营造安乐死的假象而故意剥夺他人生命的手段,这种危害是十分严重的。比较利弊后,反对积极安乐死可以说是目前最好的选择。从某种角度来说,邓某是不折不扣的孝子,不仅悉心照顾老母亲,即使最后的安乐死也是拗不过母亲的意思才决定帮助母亲从病痛中解脱出来。但从法律的角度来说，每个人都享有独立的生命权，任何人也不得剥夺，即使得到被害人同意也不能剥夺他人的生命权，身为儿子的邓某也同样没有办法剥夺病痛难耐的母亲的生命。因此，邓某的行为已经符合故意杀人罪的构成要件，应当以故意杀人罪论处。

3.强奸罪如何量刑？

强奸罪，是指违背妇女意志，使用暴力、胁迫或者其他手段，强行与妇女发生性交的行为，或者故意与不满十四周岁的幼女发生性关系的行为。当前，人口流动日趋频繁，大量外出务工男性远离家庭，心里空虚，收入较低，很难寻找到合适的性对象，他们是强奸罪的高发人群。另外，大学生生理已经成熟，性欲旺盛，但因长期缺乏必需的性知识和性引导，在害羞和好奇的双重心理作用下，往往会强行占有其他女子或者对身边的熟人顺手牵羊，犯强奸罪。强奸行为严重侵犯了女性的性自由，对受到侵犯的女性造成了严重的生理和心理创伤，不利于社会稳定。我国法律对强奸罪做出了十分明确的规定，以震慑潜在的犯罪人群，维护社会的良性秩序。

根据《中华人民共和国刑法》第二百三十六条规定，以暴力、胁迫或者其他手段强奸妇女的，处三年以上十年以下有期徒刑。奸淫不满十四周岁的幼女的，以强奸论，从重处罚。强奸妇女、奸淫幼女，有下列情形之一的，处十年以上有期徒刑、无期徒刑或者死刑：（一）强奸妇女、奸淫幼女情节恶劣的；（二）强奸妇女、奸淫幼女多人的；（三）在公共场所当中强奸妇女的；（四）二人以上轮奸的；（五）致使被害人重伤、死亡或者造成其他严重后果的。"致使被害人重伤、死亡",是指因强奸导致被害人性器官严重损伤或者造成其他严重伤害,甚至当场死亡或者经治疗无效死亡的。该种情况下不影响认定强奸是否既遂。但对于出于报复、灭口等动机,在实施强奸的过程中杀死或者伤害被害人的,应定故意杀人罪或者故意伤害罪,与强奸罪实行数罪并罚。"造成其他严重后果",是指因强奸引起被害人自杀、精神失常以及其他严重后果。

强奸罪严格区分了受害人的身份,与不满十四周岁的幼女发生性关系的,构成强奸罪,即使获得幼女的同意;而对妇女构成强奸罪,除了发生性关系外,还需要违背妇女意志,使用暴力、胁迫或者其他手段。因此,与妇女发生性关系是否违背妇女的意愿就成为十分重要的内容。这就需要结合发生性关系的时间、地点、情形、受害人的性格和体质、行为人的行为进行综合考虑,而不能单以某一要件而做出草率的判断。如,认定是否违背妇女意志不能单纯以"被害妇女有无反抗以及生活作风"为标准。有些妇女因为犯罪分子的威胁和强迫不敢反抗,此时的不反抗不能成为认定性行为不违反妇女意愿的理由。妇女的生活作风存在差别,但是她们都有同样的人格尊严。生活作风的好坏是一个价值判断的内容,很难达成一致的看法,也没有完全客观的标准;另外,即使生活作风差的人也有性自由,不能被任何人剥夺。

"暴力手段",是指犯罪分子直接对被害妇女采用殴打、捆绑、卡脖子、按倒等危害人身安全或者人身自由,使妇女不能抗拒的手段。"胁迫手段",是指犯罪分子对被害妇女威胁、恫吓,达到精神上的强制的手段。如:扬言行凶报复、揭发隐私、加害亲属等相威胁,利用迷信进行恐吓、欺骗,利用教养关系、从属关系、职权以及孤立无援的环境条件,进行挟制、迫害等,迫使妇女忍辱屈从,不敢抗拒。"其他手段",是指犯罪分子用暴力、胁迫以外的手段,使被害妇女无法抗拒。例如:利用妇女患重病、熟睡之机,进行奸淫;以醉酒、药物麻醉,以及利用或者假冒治病等等方法对妇女进行奸淫。实践中,有的犯罪分子冒充妇女丈夫、未婚夫、男友或情人奸淫妇女,或利用妇女愚昧无知骗奸,这种手段也属于暴力、胁迫以外的其他手段。然而,如果女方是为了谋取某种利益或者接受引诱,或者给予互相利用自愿与之发生性行为的,即使男方在此后欺骗了女方,男方也不能定强奸罪。

《中华人民共和国刑法》规定的强奸罪只针对女性,该罪能否适用男性常引起广泛关注。《河北青年报》曾报道,当警方赶到一起发生在凌晨的抢劫案的现场后,男性受害人愤怒地控诉两名男性嫌疑人不但抢走了他仅有的 19 元现金,还强行奸污了他。两嫌疑人最终被抓。但警方将嫌疑人报批捕时却只能针对其抢劫环节,"强奸"事实却因《刑法》中无相关表述而无法追究。而关于妇女是否能成为强奸犯的主体,答案则是肯定的。妇女可以成为强奸犯的共犯(帮助犯),或者教唆 14 周岁至 16 周岁之间的少年犯罪,从而成为间接行为犯。

中国长期尊崇"男尊女卑"的思想,男性凭借其体质和社会地位上的优势在性关系中也经常占据优势地位。夫妻双方婚姻关系名存实亡时,丈夫强行与妻子发生性关系,能够构成"婚内强奸",并无明确的规定。但在以下情况,可按强奸罪论处:(一)丈夫经常违背妻子的意愿,采取暴力、胁迫或者其他手段强行与妻子发生性关系,并对其进行性虐待的;(二)夫妻感情破裂,婚姻关系名存实亡,丈夫违背妻子的意愿,采取暴力、胁迫或者其他手段强行与妻子发生性关系的。

案例 7:

丁某和童某有染,背着家人发生性关系。被家人发现后,童某决定与丁某撇清关系,不愿与其继续来往。丁某不愿结束这段关系,也觉得被童某甩是一件特别没面子的事情,于是约童某到他们常去的宾馆,谎称一次说清再无往来。急于了断的童某信以为真,立即前往,一进房间就被丁某制服在床上。两人力量相差悬殊，即使童某不断反抗，也无济于事，最终还是与丁某再一次发生了性关系。

案例7中丁某和童某通奸，在童某提出分手后，丁某诱骗其到宾馆并强行与她发生性关系，构成强奸罪。这种情况属于"先和奸后强奸"，即男女双方先是通奸，女方不愿继续通奸后，男方仍纠缠强行实施性行为的，以强奸罪论处。而对于另一种情况，"先强奸后和奸"，对于第一次性行为违背女方意志，但女方并未告发并继续多次自愿与该男子发生性行为，一般不宜再定强奸罪。这是由于妇女在受害后又发生和奸行为，表明其受伤害不大，从保护该妇女隐私和稳定社会的角度出发，就没有必要再追究行为人强奸罪的刑事责任。

案例 8：

何某来自贵州，在广州打工，与妻子长期两地分居，性欲无法排解。某日，上完夜班的何某在回宿舍的路上，看到一名穿得十分性感的年轻姑娘，情不自禁地跟着她走了一段路。何某想着自己在广州的悲惨境地，突然心生歹念想要占有这名年轻姑娘，遂抄起路边的石头向她袭去。年轻姑娘瘫倒在地，何某立即与其发生性关系，在离开的时候才发现这名姑娘已经死亡。

案例8构成故意杀人罪并无疑问，那是否构成强奸罪呢？奸淫妇女尸体的行为，因客体、对象不存在，不能构成强奸罪，而构成《刑法》第三百零二条规定的侮辱尸体罪。因为妇女性的自由权利和幼女的身心健康权力是只有妇女和幼女在生命存续时才享有的权利。因此，强奸罪的对象，无论是妇女还是幼女，都是有生命的。对实践中奸淫妇女、幼女尸体的行为，不能构成强奸罪。但是如果行为人在妇女、幼女生前已经着手实施强奸的暴力手段而致妇女、幼女死亡，又奸淫妇女、幼女尸体的，仍构成强奸罪。本案的何某也不例外，何某应当以强奸罪论处。

4.非法拘禁罪如何量刑?

非法拘禁罪,是指以非法拘禁他人或者以其他方法非法剥夺他人人身自由的行为。人身自由既是公民人身权利的重要内容,也是公民行使其他权利的基本前提。没有人身自由,其他权利都将无从实现。现实生活中,因债务纠纷、非法传销、情感纠纷及其他违法行为而产生的非法拘禁增长迅猛。"欠债还钱,天经地义"成为绝大多数老百姓朴素的想法,催讨债务无果时,部分老百姓恼羞成怒并采取非法拘禁的方式控制债务人。传销组织以发展下线获利,部分新入成员尚未被完全洗脑,此时,传销组织一般会派专门人员对其进行看守,扣押其证件,避免其与外界接触甚至逃跑。不管非法拘禁的目的正当与否,这种行为本身是违法的,需要承担相应的法律责任。

《中华人民共和国刑法》第二百三十八条规定:非法拘禁他人或者以其他方法非法剥夺他人人身自由的,处三年以下有期徒刑、拘役、管制或者剥夺政治权利。具有殴打、侮辱情节的,从重处罚。犯前款罪,致人重伤的,处三年以上十年以下有期徒刑;致人死亡的,处十年以上有期徒刑。使用暴力致人伤残、死亡的,依照故意伤害罪、故意杀人罪的规定定罪处罚。为索取债务非法扣押、拘禁他人的,依照非法拘禁罪的规定处罚。国家机关工作人员利用职权犯非法拘禁罪的,依照非法拘禁罪的规定从重处罚。2000年7月13日的《最高人民法院关于对为索取法律不予保护的债务非法拘禁他人行为如何定罪问题的解释》中规定,行为人为索取高利贷、赌债等不受法律保护的债务,非法扣押、拘禁他人的,应以非法拘禁罪论处。

非法拘禁罪的受害人,既包括成年人也包括未成年人,既包括健康的人也包括病人,既包括无辜的人也包括违法犯罪的人,既包括清醒的人也包括醉酒、昏迷者或者熟睡的人。非法拘禁的方式分为两种:一种是直接控制人的身体和活动自由,如捆绑;另一种是间接控制人的身体和活动自由,使其不能离开或逃出一定的场所,如非法逮捕、监禁、扣押、办封闭式"学习班"、"监护审查"等。剥夺人身自由的方法既可以是有形的、物理的,也可以是无形的、心理的,诸如胁迫被害人、利用其恐怖心理或者利用被害人的羞耻心理,使其不敢逃亡的,如将妇女洗澡时的换洗衣服拿走,同样也属于拘禁行为。非法拘禁不同于一般的犯罪,是一种持续行为,从非法拘禁开始到结束都使他人失去人身自由,犯罪行为处于持续状态,不具有间断性。因此,非法拘禁持续时间的长短并不决定该罪名成立与否,仅对量刑有影响,但是时间过短、瞬间性的剥夺人身自由的行为,一般不构成非法拘禁罪。

非法拘禁罪还必须强调非法性。司法机关依照法律规定,对犯罪嫌疑人进行拘留、逮捕等限制人身自由的强制措施,不具有非法性,不构成非法拘禁罪。但是,如果司法机关发现不应拘捕时,不及时释放被拘捕人员而继续羁押的,该行为的合法性就消失,合法拘禁就会转化为非法拘禁。对于正在实行犯罪或犯罪后及时被发觉的、通缉在案的、越狱逃跑的、正在被追捕的人,群众依法扭送至司法机关的,是为了协助司法机关的工作,不构成非法拘禁罪。依法收容精神病患者的,也不构成非法拘禁罪。

案例9:

汪某和贺某的工资被包工头李某长期拖欠。为讨要工资,恼羞成怒的王某和贺某与汪某的兄弟汪某某共同预谋,三人用贺某租来的面包车将李某强行拉走,带到贺某的出租房里囚禁,非法限制李某的人身权利。为逼迫李某就范,汪某对李某进行辱骂、殴打,造成轻微伤。次日,李某逃脱并报警。随后,贺某自首归案,汪某被抓获。

案例9是典型的因债务纠纷引起的非法拘禁行为。汪某和贺某被包工头李某拖欠工资,本是受害者,应当得到我们的同情。但王某和贺某却采用非法拘禁这么极端的方式催讨工资,以身试法,实属不该。拖欠工资不算少见,工人基本处于弱势地位,经济条件一般较差,辛苦钱得不到支付会对他们的生活造成影响。但是李某作为一个独立的个体,任何人不能剥夺他的人身自由,身为债权人的汪某和贺某也不例外。我国《刑法》已经对催讨债务引发的非法拘禁行为做出了十分明确的规定,汪某和贺某的不理智行为只能给自己带来相应的法律责任。同时,汪某对李某进行辱骂、殴打,应对其予以从重处罚。

案例 10:

杨某利用女性的优势,在网上骗取赵某的信任,两人约定由赵某来找杨某做生意。赵某依约前来,杨某将他接到传销窝点,郑某、杨某等六人为了迫使赵某加入传销组织,强行扣押他的手机、钱包、身份证,并采取言语威胁、轮流贴身看管、讲课洗脑等手段,非法限制赵某的人身自由。后来赵某被公安机关解救,六名犯罪分子被当场抓获。

案例10是因非法传销引发的非法拘禁,当前有愈演愈烈的趋势。参加非法传销组织的人员往往向亲朋好友等不加设防的人群下手,赵某等受骗人缺乏对非法传销组织的高度警惕性,容易轻信他人而被设计。杨某等六人参加传销组织本身就是违法的,如何定罪量刑需综合判断。同时,杨某等六人对赵某严加看管,严重限制其人身自由,这种行为已经足以构成非法拘禁罪。参加非法传销组织,细微的行为可能已经触犯法律的规定,而对非法传销组织的一知半解也会让自己陷入麻烦之中。

案例 11:

林某怀疑自己的女朋友周某与同村的陈某有染,在周某住处殴打周某并威胁她,逼迫周某打电话将陈某骗到她的出租房内。当陈某赶到周某的出租房后,林某将房门反锁,并用刀背砍陈某,逼迫陈某和周某两人跪在地板上长达两个小时。之后,林某又打电话给陈某的家人,让他们过来解决问题。陈某的家人到达之后,陈某趁机逃脱并报案。

案例 11 是因情感纠纷引发的非法拘禁。林某与周某只是男女朋友关系,即使周某确实与陈某有染,也只能说周某的作风不够检点,并不能追究周某的法律责任,林某更不能自作主张,非法拘禁周某和陈某。当然,林某自然心里会愤恨不平,做事难免会冲动不计后果,遂上演了这样的闹剧。林某的行为除了给周某和陈某带去一些恐惧外,根本不利于双方关系的修复,林某和周某这对昔日的恋人已经离得越来越远了。同时,林某将周某和陈某扣押在出租房,非法限制他们人身自由的行为,已经构成了非法拘禁罪,实在是得不偿失。"退一步海阔天空",冲动往往会误事。

5.绑架罪如何量刑?

绑架罪,是指以勒索财物或者其他目的,使用暴力、胁迫或者其他方法,绑架他人的行为,或者绑架他人作为人质的行为。对于普通的老百姓而言,绑架罪似乎离得很遥远,一般只发生在警匪片中,只有富豪或高官才会碰到这种事情。当然,金钱是引发绑架罪的主要原因,但也存在绑架他人作为人质的情形。稍有不慎,就有可能导致绑匪"撕票"。因此,绑架罪同时侵犯了被绑架人的人身权利和财产权利,情况较为复杂,法律对其进行了十分严格的规定。

根据《中华人民共和国刑法》第二百三十九条的规定:以勒索财物

为目的绑架他人的，或者绑架他人作为人质的，处十年以上有期徒刑或者无期徒刑，并处罚金或者没收财产；情节较轻的，处五年以上十年以下有期徒刑，并处罚金。犯绑架罪，致使被绑架人死亡或者杀害被绑架人的，处死刑，并处没收财产。以勒索财物为目的偷盗婴幼儿的，依照绑架罪的规定处罚。"致使被绑架人死亡"，是指由于在绑架过程中对被绑架人使用暴力或者进行虐待等导致被绑架人死亡，以及被绑架人在绑架过程中自杀身亡的行为。"杀害被绑架人"，是指在劫持被绑架人后，由于勒索财物或者其他目的没有实现以及其他原因，故意将被绑架人杀害的行为。

绑架罪与前文所述的非法拘禁罪有着相似之处，都以暴力、胁迫或者其他手段非法限制他人的人身自由，需加以区分。首先，两者的主观目的不同。绑架罪的主观动机是为了获取钱财或其他非法利益，绑架人质只是实现其主观目的的手段而已；而非法拘禁罪的主观目的是为了控制他人人身自由。其次，双方关系的不同。在绑架案件中，绑匪有可能认识被绑架人，但他们之间不存在相应的债务关系或其他纠纷，只是为了获取钱财或将被绑架人纳为人质；而在非法拘禁中，常是因为债务纠纷、情感纠纷等先前因素导致的，被绑架人自身有可能存在一定的过错。赌博债不为法律所保护，故因赌博债而非法扣押、拘禁他人的，应以绑架罪定罪处罚。最后，两者的行为不同。绑架罪除了要非法剥夺他人人身自由以外，还需要有勒索财物或满足行为人不法要求的行为；而非法拘禁罪仅需要剥夺他人人身自由即可。

绑架罪的法定刑很重，起刑点就是十年以上。致使被绑架人死亡或者杀害被绑架人的，处死刑，并处没收财产。此时，死刑成为必然的结果，实属罕见的情形。从刑法发展的路径看，减少死刑适用已经是大势所趋。但，绑架罪是主观恶性大、社会危害性强的行为，在索取钱财或其他非法利益后竟导致被绑架人死亡，理应加大处罚力度。当然，司法机关在适用时要十分谨慎,严格掌握适用死刑的条件。

案例 12:

世纪悍匪张某某决定要将香港的十大富豪逐个绑架,经过周密的计划他将目光放在了某某地产前主席郭某某。某日黄昏时分,当时 46 岁的郭某某在下班回家途中,突然被两辆私家车及一部摩托车拦住,几名分别持有手枪的彪形大汉迅速跳下,团团围住郭某某与他的司机。郭某某慑于对方长短火器俱备,不敢轻举妄动,乖乖地被对方挟持上车而去。绑匪掳获郭某某后,将郭某某禁锢于一间小洋房内。郭家接到绑匪的勒索电话后不敢报警,经多番谈判,最终达成了协议,郭家愿意付出六亿港元,希望张某某能让郭某某平安回来。最后,张某某分得赃款港币 3 亿元。

案例 12 仅是张某某系列犯案中的一个缩影。张某某屡屡得手,使得香港商界人人自危,选择雇佣更多的高级贴身保安。张子强充分利用家人的担心,甚至上门与对方谈判赎金,其雄心豹子胆真是令人咋舌。虽然"贼王"张某某背后有超级豪华的大律师阵容,但是天网恢恢疏而不漏,这个曾经令人闻风丧胆的世纪绑匪也被执行死刑。可见,任何触犯法律的人都将受到法律的严惩,任何侵犯他人人身权利和财产权利的行为都是不被允许的。

案例 13:

谢某用鸭舌帽和口罩将自己武装好,带着水果刀、绳索等作案工具到市区一所幼儿园附近,伺机寻找作案对象。郑某驾驶一辆 100 多万的黑色保时捷送女儿上学。谢某尾随其后,趁其上车之际坐上了副驾驶座。谢某拿出随身携带的塑料瓶谎称要泼硫酸(实为自来水),劫持郑某,勒索 30 万。谢某在收取郑某丈夫王某交付的赎金时被抓获,被判处有期徒刑 10 年,剥夺政治权利 1 年,并处罚金人民币 10000 元。

案例 13 中的谢某与张某某相比，属于初犯，作案手法更简单些。谢某拿自来水冒充硫酸逼郑某就范，属于绑架罪中"以威胁方式控制受害人"。郑某不知道塑料瓶里装的不是硫酸，谢某的谎言已经对她造成了极大的恐惧，毁容的风险使得她不敢也不能反抗，只能乖乖听从谢某的指示，让丈夫前来缴纳赎金。因此，谢某携带的自来水起到了与硫酸一样的威胁效果，这就足以构成绑架的要件，谢某的行为已经符合绑架罪的构成要件，应当以绑架罪论处。

案例 14：

赵某家中有一个妹妹，父母受重男轻女思想影响，对赵某十分宠爱，希望能为他提供最好的条件。赵某不喜欢上学，初中毕业后就到处游荡，全靠父母养着。赵某每天和狐朋狗友出入酒吧、网吧等娱乐场所，每次聚会又抢着付钱。朋友们都十分愿意跟赵某一起出去玩，也都称呼赵某为"赵老板"。赵某的父母看着自己的儿子天天不务正业，花钱大手大脚，十分恼怒，开始反省自己的教育方式，并决定限制赵某的零花钱，让赵某尽快自食其力。断了财路的赵某就像被拔了牙齿的老虎，火冒三丈，三天两头找父母闹事，甚至动手打父亲。赵某的父母只能自己偷偷地抹眼泪，并没有什么好办法去制服赵某。赵某则每天寻思着从父母那里要钱，最终想出了绑架妹妹的办法。赵某让王某将妹妹绑架到他事先租用的出租房内，并让王某打电话给父母勒索 20 万元。父母顿时失了分寸，却还是报了警。赵某的父亲按照绑匪的意思去指定地点交赎金，前来领赎金的王某被潜伏在附近的警察制服，王某供出幕后真凶赵某。赵某的父母怎么也想不到这出闹剧是由他们的宝贝儿子导演的。

案例 14 是由家庭成员导演的绑架案，极具戏剧性。赵某伙同王某绑架自己的妹妹，已经符合刑法规定的绑架罪，应受到一定的法律责任。当然，赵某是被绑架人的哥哥，这种特殊关系却不会影响到对赵某的定罪量刑，仍然要为自己的行为负责。赵某初中毕业后想方设法向父母要钱,对父母不够孝顺,这种行为显然不正确,但至少没有触犯法律的边界。几次讨要零花钱无效后,赵某竟然想到了绑架妹妹的"绝招",这种行为已经超出了问爸妈要钱的范围,已经违反法律的规定,应当以绑架罪论处。年轻人做事比较冲动,想一出是一出,如果缺乏了相关的法律知识,则很有可能会出事。

6.盗窃罪如何量刑?

　　说起盗窃,大家都不会陌生。几乎每个人都遇到过小偷,或是入室盗窃,或是公交车扒手,或是自行车接二连三地失踪,花样十分繁多。公共财产也成为盗窃案的重要对象,电线电缆、下水盖等公共设施也经常被盗。社会上多发的盗窃案件已经成为社会治安管理中的老大难问题,对人口流动性极大的现代社会管理构成了巨大的挑战。当然,盗窃行为并不一定构成盗窃罪,刑法中的盗窃罪比小偷小摸的构成要件更严格。盗窃罪是指以非法占有为目的,秘密窃取公私财物数额较大或者多次盗窃公私财物的行为。盗窃罪是最古老的财产犯罪,捍卫了"财产私有"的价值理念,是社会进步的重要保障。对盗窃罪的有力打击,能对潜在的犯罪行为形成警示,有利于维护社会的和谐稳定。

　　根据《中华人民共和国刑法》规定:盗窃公私财物,数额较大的,或者多次盗窃、入户盗窃、携带凶器盗窃、扒窃的,处三年以下有期徒刑、拘役或者管制,并处或者单处罚金;数额巨大或者有其他严重情节的,处三年以上十年以下有期徒刑,并处罚金;数额特别巨大或者有其他特别严重情节的,处十年以上有期徒刑或者无期徒刑,并处罚金或者没收财产。盗窃罪不再以盗窃财物数额较大为唯一构成要件,只要是入户盗窃,不管有没有偷得财物,都已触犯刑法,构成"入户盗窃",当以盗窃罪论处。

盗窃的财物既可以是动产,也可以是不动产上能与其分离之物,如田里的庄稼,房子里的灯泡等。另外,能源如电力、煤气虽然看不见,摸不着,却占有一定的价值,并对人们的生活具有极大的作用,也可成为盗窃罪的对象。不能被人们控制的阳光、风力、空气、电波、磁力等就不能成为盗窃罪侵犯的对象。盗窃违禁品或犯罪分子不法占有的财物也构成盗窃罪。盗窃违禁品,按盗窃罪处理的,不计数额,根据情节轻重量刑。有时候,我们的一些财产会不知道放在哪里,或者随手就扔在茶几上,这些财产仍然是我们的,仍然处于我们的控制之中,任何人都不能顺手牵羊拿走,否则就触犯了盗窃罪。

偷拿自己家的财物或者近亲属的财物,一般可不按犯罪处理;对确有追究刑事责任必要的,处罚时也应与在社会上作案的有所区别。亲人之间有着天然的血缘关系,更容易谅解对方的不良行为。对亲属盗窃行为,只有判断必须惩罚时才能定罪,这要从盗窃者的盗窃数额、盗窃次数、主观恶性以及亲属的态度等各方面综合考虑。当然,亲属认为是否需要追究刑事责任是一个十分重要的依据。毕竟,在盗窃案中,只有亲属的财产权受到了侵犯,他们的意见应当被充分尊重。一般来说,亲属盗窃罪被追究责任的,往往盗窃数额较大,又有其他严重的情节,引得亲属十分愤恨,认为要追究责任。如多次盗窃亲属家中的财产,屡教不改,引起亲属心中十分不安;盗窃无生活来源的亲属财产,使他们的基本生活得不到必要的保障,甚至造成严重的后果;盗窃数额特别巨大,无法追回,给亲属带来了极大的损失;盗窃行为引发了亲属间的关系不和睦;等等。

现实生活中,有些人对于何时成立盗窃罪并不知道,认为只要将东西还回去就万事大吉了。实际上,从你将东西带出主人住所时,犯罪已经构成,是否还回去不影响盗窃罪成立与否。比如,晚上偷东西,将物品抛出院外就构成盗窃罪,即使该财物被院子外面的人捡走了或者犯罪分子被当场抓住;珠宝店里小的珠宝便于藏匿,将它藏在腋下或者口袋里,实际上就已经构成盗窃罪。犯罪分子盗窃他人所有的财产,使财产脱离他人的控制范围,就已经构成盗窃罪了,并不因为犯罪分子没有实际拿到财物而免去盗窃罪的责任。所以,面对物品诱惑将要做出不良举动时,一定要多多思考,免得"一失足成千古恨"。

案例 15:

章某曾因犯盗窃罪,于 1992 年至 2012 年被判刑 13 次,劳教 5 次,狱中生活长达 18 年。然而,刚刚刑满释放的他竟然不思悔改,又重操旧业,再次干起了偷鸡摸狗的勾当。章某到手机卖场,以购买手机为幌子,趁工作人员不注意的时候偷了一部手机,被手机卖场的保安和现场的群众抓获。这部手机的价格为 4299 元。章某最后被判处有期徒刑 10 个月,罚金 5000 元。

案例 15 反映的了某些犯罪分子出狱后再次犯罪的情形。章某连续盗窃,既有自身的原因,也有社会缺少关爱的原因。本案中,章某出狱后,如果周围的人能将他们当作正常人,社会能为他们提供正常的培训和工作机会,他就可能不会选择再次犯罪。然而,目前我国还没有形成帮助犯罪分子重新融入社会的机制,导致他们出狱后与社会脱节,与人群脱离,找不到努力的方向,只能铤而走险再次犯罪。犯罪分子二次犯罪,不仅不利于社会的稳定,也加大了社会管理的成本,可谓得不偿失,值得全社会的反思。当然,从章某的角度来说,刑事责任不仅仅是一种惩罚,更多的是希望他能改过自新、重新做人。章某刚刚出狱又重操旧业,不能不说他还没有完全体会守法的重要性,从而使自己再次面临牢狱之灾。本案中,周某盗窃 4000 多元的手机,构成盗窃罪。

案例 16：

裴某、齐某、李某和王某在酒吧里认识,他们花了 300 元钱在电脑上买了一把"万能钥匙",据说能打开所有的门。从此,四个人开始一起作案。齐某和李某在楼下放风;裴某负责去敲门,确定屋子里有没有人;王某则负责开锁。他们连连得手,作案 40 多起,盗窃金额超过 20 万元。

案例 16 是非常典型的团伙作案,裴某、齐某、李某和王某分工明确。虽然负责开锁和偷东西的人是王某,齐某和李某只是站在楼下放风而已,但这并不影响四个人共同构成盗窃罪。从法律上讲,他们四个人都在盗窃案件中承担了重要的职责,都知道整个盗窃过程及安排。因此,裴某、齐某、李某和王某都应以盗窃罪论处。

案例 17：

唐某与葛某关系要好,陆陆续续向葛某借款 3 万元人民币。唐某写下一张欠条:向葛某借的钱,将于当年年底还清。到了年底,唐某找各种各样的理由推脱,拒绝还款。葛某就向法院提起诉讼,唐某就想出了"偷了借条就不用还款"的想法。唐某潜入葛某的房子里,偷走写给葛某的欠条。葛某报案,唐某被判处有期徒刑三年、缓刑四年,并处罚金人民币 3.5 万元。

案例 17 中偷借条的行为与普通的盗窃行为不同,有其特殊性。盗窃罪的对象是财产,欠条本身虽然不是财物,却是财产权利的主要凭证。如果失去借条这种凭证,债权人就很难向债务人索要债务,其债权就很难实现,进而丧失了借出去款项的财产所有权。唐某自以为很聪明,以为偷了借条,就可以不用还钱,也不用受到法律的追究。殊不知,偷借条这种行为本身就是违法的,唐某不仅要根据借条的规定向葛某偿还他所欠的债务,也要为他的盗窃行为负责,本案将以盗窃罪论处。唐某的所作所为,真是聪明反被聪明误。由此可见,财产是一个笼统的概念,既有有形的又有无形的,既有足额的也有作为凭证的,这都不影响财产的认定,更不影响盗窃罪等财产犯罪的构成。

7.抢劫罪如何量刑?

抢劫罪是以非法占有为目的,对财物的所有人、保管人当场使用暴力、胁迫或其他方法,强行将公私财物抢走的行为。在报刊电视中,我们经常可以看到有关抢劫的新闻。如上完夜班的女工在路上被抢,的哥深夜遇上劫匪,卧室中抢劫犯暴力劫走财物……抢劫行为既侵犯了他人的财产权利又侵犯了他人的人身权利,当然抢劫财物是劫匪的主要目的,侵犯他人的人身权利只是希望通过暴力、胁迫或其他手段来实现抢劫财物的目的。与盗窃罪中的"偷偷摸摸"不同,抢劫罪往往是通过暴力或暴力相威胁的手段,情节更恶劣,社会危害更大,我国刑法对其做出了十分具体的规定。

根据《中华人民共和国刑法》第二百六十三条规定,以暴力、胁迫或者其他方法抢劫公私财物的,处三年以上十年以下有期徒刑,并处罚金。有下列情形之一的,处十年以上有期徒刑、无期徒刑或者死刑,并处罚金或者没收财产:(一)入户抢劫的;(二)在公共交通工具上抢劫的;(三)抢劫银行或者其他金融机构的;(四)多次抢劫或者抢劫数额巨大的;(五)抢劫致人重伤、死亡的;(六)冒充军警人员抢劫的;(七)持枪抢劫的;(八)抢劫军用物资或者抢险、救灾、救济物资的。这八种情形下的抢劫行为比一般情况要复杂,可能造成的损害也更大,因此法律对它们的惩罚力度也就加大了。

"入户抢劫",是指为实施抢劫行为而进入他人生活的与外界相对隔离的住所,包括封闭的院落、牧民的帐篷、渔民作为家庭生活场所的渔船、为生活租用的房屋等进行抢劫的行为。对于入户盗窃,因被发现而当场使用暴力或者以暴力相威胁的行为,应当认定为入户抢劫。"在公共交通工具上抢劫",既包括在从事旅客运输的各种公共汽车,大、中型出租车,火车,船只,飞机等正在运营中的机动公共交通工具上对旅客、司售、乘务人员实施的抢劫。"抢劫银行或者其他金融机构",是指抢劫银行或者其他金融机构的经营资金、有价证券和客户的资金等。抢劫正在使用中的银行或者其他金融机构的运钞车的,视为"抢劫银行或者其他金融机构"。"抢劫数额巨大"的认定标准,参照各地确定的盗窃罪数额巨大的认定标准执行。"持枪抢劫",是指行为人使用枪支或者向被害人显示持有、佩带的枪支进行抢劫的行为。"携带凶器抢夺",是指行为人随身携带枪支、爆炸物、管制刀具等国家禁止个人携带的器械进行抢夺或者为了实施犯罪而携带其他器械进行抢夺的行为。

总的来说,刑法对构成抢劫罪没有规定数额、情节方面的限制,只要行为人当场以暴力、胁迫或者其他方法,实施了抢劫公私财物的行为,无论是否抢到钱财,也不论实际抢到钱财的多少,原则上都构成抢劫罪,公安机关应当立案侦查。另外,有些犯罪在特定情况下也会转化为抢劫罪。如,携带凶器抢夺的,转化为抢劫罪;犯盗窃、诈骗、抢夺罪,为窝藏赃物、抗拒抓捕或者毁灭罪证而当场使用暴力或者以暴力相威胁的,转化为抢劫罪。同时,行为人冒充正在执行公务的人民警察"抓赌"、"抓嫖",没收赌资或者罚款的行为,构成犯罪的,以招摇撞骗罪从重处罚;在实施上述行为中使用暴力或者暴力威胁的,以抢劫罪定罪处罚。

案例 18:

章某携带一把水果刀,窜到福利彩票销售中心,在销售中心内写了一张内容为"小姐,请给我 5000 元,我只要 5000 元,多的不要,别叫!小心我的刀不客气！我说话算数。"的字条，然后走进柜台内交给店员容某，同时拿着水果刀指着容某。容某见状，称没有这么多钱，并拉开装钱的抽屉给章某看。章某看后，便将抽屉里的人民币统统拿走，立即逃离现场。随后，章某被公安机关抓获，判处有期徒刑四年零六个月。

案例 18 是最为普通的抢劫案件。章某以非法占有为目的，拿着水果刀威胁福利彩票销售中心的店员容某，以此逼迫容某不敢反抗，满足章某获取钱财的目的。章某的行为已经构成了抢劫罪，应当受到法律的处罚。虽然福利彩票销售中心内的现金并不多，章某当时也只要求拿到5000 元人民币，但是，他拿着水果刀威胁店员容某，这种威胁的手段已经对容某造成了心理上的恐惧。比起盗窃行为，章某的所作所为更加明目张胆，危害更大。

案例 19：

刘某与妻子自由恋爱，感情一直很甜蜜。但婚后，妻子觉得刘某有些窝囊，没有承担养家糊口的责任。刘某也很苦恼，觉得以前善解人意的妻子就像变了个人似的。某天，刘某与妻子又为孩子上幼儿园的事情发生了口角。妻子抱怨刘某既买不起学区房又没有办法凑齐借读费，还说自己当时是看走了眼。刘某越想越咽不下这口气，就决定好好地捞一票。次日半夜，刘某强行进入李某家中，并持械在李某家进行抢劫，共抢得人民币 5200 元，并使李某的妻子受伤。最终，法院以抢劫罪判处刘某有期徒刑 12 年。

案例 19 中的刘某虽然抢劫数额较少，但主观恶性和社会危害性较大，抢劫罪名仍然成立。如前文所述，抢劫罪的起步刑期是 3 年，但触犯任何一条加重处罚的情形，起步刑期就上升为 10 年。刘某之所以会被判处 12 年有期徒刑，是因为他的行为触犯了加重处罚的情形。首先，刘某未经李某同意，半夜进入李某的居住地进行抢劫，已经符合"入户抢劫"。其次，刘某在作案的过程中使用了管制刀具，并导致李某的妻子受伤,符合"持械抢劫"。刘某所受的较重处罚正是由这些恶劣的犯罪情形造成的。

案例 20:

焦某去同村开香烟店的邢某家偷盗,焦某翻墙进入邢某家的院子以后,从邢某家的厨房里拿了把菜刀撬开房间的锁,焦某共盗取了 10 条中华烟,约为 4000 元。焦某用事先准备好的蛇皮袋装好这 10 条烟,一起放在院子里。同时继续回到邢某的屋内翻找东西,此时邢某回到家里。焦某害怕邢某阻拦,逃跑时拿出准好的刀子在邢某面前晃,扬言"如果邢某阻拦,就砍他"。邢某只能眼巴巴地看着焦某逃跑,等焦某离开视线后才敢打电话报警。

案例 20 属于典型的转化型抢劫罪。焦某本来是到邢某家偷东西,在邢某回来之前已经实现了打开房门、偷盗香烟、将香烟扔到院子里等一系列动作。焦某财迷心窍,想要多偷一些东西,却碰到主人邢某回来。退无可退的焦某只能拿出准备好的刀子威胁邢某,以便自己带着赃物逃跑。然而,犯盗窃、诈骗、抢夺罪,为窝藏赃物、抗拒抓捕或者毁灭罪证而当场使用暴力或者以暴力相威胁的,转化为抢劫罪。焦某所犯的罪名已经从盗窃罪转化成了抢劫罪,此时焦某应按抢劫罪论处。

8.抢夺罪如何量刑?

抢夺罪是指以非法占有为目的,乘人不备,公开夺取数额较大的公私财物的行为。飞车抢夺是比较常见的街头犯罪案件,据说它首先在广东出现,并向各地蔓延。飞车抢夺的受害者往往是单身女性,尤其是独自行走或者带包骑自行车的单身女性。作案时间往往是在晚上尤其是后半夜,但有些猖狂的犯罪分子却在光天化日之下作案。作案地点多选择便于逃脱的岔路口,路况好、行人少,有些十字路口和金融机构门前也是良好的作案地点。飞车抢夺的作案工具包括两人摩托车和小车。采用两人摩托车的,前面的人负责行驶,后面的人负责抢夺。开小车抢夺的多由驾驶员用左手实施抢夺。包括飞车抢夺在内的抢夺行为将会破坏城市面貌,不利于社会稳定。

《中华人民共和国刑法》第二百六十七条规定:抢夺公私财物,数额较大的,处三年以下有期徒刑、拘役或者管制,并处或者单处罚金;数额巨大或者有其他严重情节的,处三年以上十年以下有期徒刑,并处罚金;数额特别巨大或者有其他特别严重情节的,处十年以上有期徒刑或者无期徒刑,并处罚金或者没收财产。抢夺公私财物虽然达到"数额较大"的标准,但具有下列情形之一的,可以视为第 37 条规定的"犯罪情节轻微不需要判处处罚",免予刑事处罚:第一,已满 16 周岁不满 18 周岁的未成年人作案,属于初犯或者被教唆犯罪的;第二,主动投案、全部退赃或者退赔的;第三,被胁迫参加抢夺,要求行为人的行为不可能构成抢夺罪。例如,债权人夺去债务人的财物以抵偿债款或实现债权的行为,属于民事纠纷,不应以抢夺罪论处。

抢夺行为一定是公然进行的,但不一定在多数人面前实施,也可以在少数人面前实施。这里的"公然"指的是被抢夺者当场就可以知道自己的财物被他人抢走,抢夺行为直接夺取被抢夺人的财物,并不对被抢夺人实施暴力。当然,被抢夺人发现自己的财物被夺走后根本来不及反抗,而不是像抢劫罪中那样"因暴力、威胁或其他原因不敢反抗"。

抢夺罪构成的一个要件是"抢夺数额较大"。如果抢夺数额不大,情节轻微的,不构成抢夺罪。如,有些人生活没有必要的保障,偶然抢夺馒头、大米等生活必需品,价值不大,可以通过批评教育或行政处罚等手段加以惩罚;有的人处于寻衅滋事的心理,抢夺他人的眼镜、包等随身物品,数额不大,也不定为抢夺罪。

案例21：

赵某年近六十,已经离婚很多年了。认识江某后,两人十分投缘,马上确立了恋人关系。女友对赵某说想要开家烧烤店,但是没有资金,希望赵某能帮她一起想办法。赵某并没有什么快速来钱的办法,为了能够满足女友的要求,赵某想到了"调包黄金"的计谋,用假金子去换商场里的真金子,女友十分赞同。赵某和江某一起来到商店门口,两人装作互相不认识,赵某进入了商场里的黄金店,江某则躲在附近一家店观察情形。赵某先是在一个柜台上试了两条项链,起初因为害怕不敢出手。到了第二个柜台,赵某决定要行动了。他向店员谎称要给自己的儿子买一条金项链,并且要最粗最贵的。店员刚拿出项链,赵某就一把夺过并"蹭"地朝大门方向跑去,逃离现场。赵某打电话给女友,让她来会合。见面后,赵某告诉女友项链不是调包换来的,而是抢来的。为了保险起见,赵某将项链放在了表姐家里。但是,警察很快就找到了赵某,赵某被判处有期徒刑5年半,并处以4万元罚金。

案例21是典型的抢夺案。赵某起初打算用假黄金去换真项链,但是在实际实施过程中,赵某是通过抢夺取得店员手上的项链,并没有采用调包的方法。所以,赵某所犯的罪名应该是抢夺罪。而女友本来和赵某共谋调包真的黄金项链,本来会构成共同犯罪,但是赵某的作案方式改变且未通知女友,女友对于抢夺项链并不知情,并没有犯抢夺罪。另外,表姐帮助赵某藏赃物,也是违反法律规定的行为,应特别注意。

案例22：

付某是一名跑长途运输的个体经营户。自从买了集装箱卡车,经常负责帮当地的农民将农副产品运到城里,也将外面的钢材等原材料运输到当地的工厂中。总体来说,付某的收入比较稳定且可观。但是,付某是个贪图小便宜的人,总是希望能在平常的小事当中省一点钱下来。每次给集装箱卡车加油的时候,他都会张望当时的环境,只要有可能加"霸王油",他都会不遗余力地进行。当加油站工作人员给付某的集装箱卡车加完油之后,付某就会快速开车离开,逃避支付油款的责任。期间,他六次在加油站加入 0 号柴油后,乘工作人员不注意高速驾车驶离加油站,涉案金额为 1 万多。

案例 22 让人感到匪夷所思。"霸王餐"经常能在新闻报道中看到,现在付某发明了加"霸王油",可谓什么怪事都有。对于长途运输的付某来说,油费显然是一笔比较大的开支,但是通过这种方式来降低成本实在不可取,可以说是偷鸡不成蚀把米。付某当着加油站工作人员的面,乘其不备加速驾驶逃跑,然后将加油站的油占为己有,完全符合公然夺取的条件,付某的行为应当以抢夺罪论处。

案例 23:

4 月 28 日,受害人被抢走价值 5700 元的金项链一条;5 月 13 日,两名男子驾驶摩托车抢走受害人价值 18000 元的金项链一条⋯⋯从多起案件的现场监控和受害人描述,很快抓获了犯罪分子李某和薛某。李某有盗窃前科,刑满释放后曾做过摩的司机。李某和薛某在短短的 15 天时间内,在多地实施 28 起飞车抢夺案,涉案金额达到 20 余万元。而在这 28 起抢夺案件中,受害人全部都是女性。

案例 23 是典型的飞车抢夺案。飞车抢夺不仅会直接损害受害人的财产权利,高速行驶的车辆还有可能使受害人受伤,损害受害人的人身权利。李某和薛某通过摩托车进行抢夺,并没有造成被抢夺人的伤亡,但这种公然抢夺的行为已经构成了抢夺罪,李某和薛某应当以抢夺罪论处。当然,夏季由于天气炎热,所穿衣物较少,女性朋友尽量少戴或不戴贵重首饰,免得因外露财物而引起不法分子的"惦记"。

9.诈骗罪如何量刑?

当前,骗子越来越多,人和人之间的信任感变得更加脆弱了。而骗子们的骗术也花样繁多,防不胜防。冒充法院、电视台、银行、亲人,中奖交纳手续费……只要你能想到的,骗子们肯定已经在着手实施了。然而,骗子和诈骗罪之间并不对等。诈骗罪是指是指以非法占有为目的,用虚构事实或者隐瞒真相的方法,骗取数额较大的公私财物的行为。只有符合上述情况的诈骗行为才能构成诈骗罪,否则不以诈骗罪论处。

《中华人民共和国刑法》第二百六十六条规定:诈骗公私财物,数额较大的,处三年以下有期徒刑、拘役或者管制,并处或者单处罚金;数额巨大或者有其他严重情节的,处三年以上十年以下有期徒刑,并处罚金;数额特别巨大或者有其他特别严重情节的,处十年以上有期徒刑或者无期徒刑,并处罚金或者没收财产。组织和利用会道门、邪教组织或者利用迷信骗取财物的以诈骗罪论处。骗公私财物达到上述规定的数额标准,具有下列情形之一的,应以诈骗罪酌情从严惩处:(一)通过发送短信和拨打电话或者利用互联网、广播电视、报纸杂志等发布虚假信息,对不特定多数人实施诈骗的;(二)诈骗救灾和抢险、防汛、优抚、扶贫、移民、救济、医疗款物的;(三)以赈灾募捐名义实施诈骗的;(四)诈骗残疾人、老年人或者丧失劳动能力人的财物的;(五)造成被害人自杀、精神失常或者其他严重后果的。

行为人触犯诈骗罪,一定实施了欺诈行为,包括虚构事实和隐瞒真相,两者符合其中一种即可。所谓"虚构事实",指捏造并不存在的事情,以骗取被害人的信任。所谓"隐瞒真相",指对被害人掩盖客观存在的某种事实,以哄骗被害人。欺诈行为必须使受害人陷入错误的认识并按照行为人的想法做出财产处分。因此,不管虚构、隐瞒过去的事实,还是现在的事实与将来的事实,只要能够达到上述的目的,就是一种欺诈行为。欺诈行为的手段、方法没有限制,既可以是语言欺诈,也可以是动作欺诈(欺诈行为本身既可以是作为,也可以是不作为,即有告知某种事实的义务,但不履行这种义务,使对方陷入错误认识或者继续陷入错误认识),行为人利用这种认识错误取得财产的,也是欺诈行为。

案例 24:

　　陈某、王某、彭某、陈某某、胡某结伙或单独行骗。一般由陈某某开车送同伙到指定地点,陈某先与受害人搭讪。当陈某取得受害人信任后,由王某假装买邮票,彭某负责利用他的外地口音假装要高价购买王某手上的邮票,然后彭某再以钱不够向受害人"借钱",胡某负责望风,以防受害人报警。案件受害人多为老年人,被骗钱财在 7000 元到 60000 元不等,数额共达 194000 元。最后,法院判处陈某有期徒刑六年九个月,并处罚金三万元;判处王某有期徒刑六年,并处罚金二万元;判处彭某有期徒刑五年,并处罚金二万元;判处陈某某有期徒刑三年六个月,并处罚金一万元。

　　案例 24 中以虚构邮票交易的方式不多见,人们大多是通过真实的邮票收集来达到增值的目的。五名犯罪分子相互分工,营造真实交易的氛围,使得路人尤其是老年人信以为真,最后落入他们的圈套。陈某等五人的本意根本不在邮票交易,所谓交易只是幌子而已,属于虚构事实,他们真实的目的是由彭某向受害人"借钱",当然这个钱是一去不复返的。陈某等五人通过虚构事实、隐瞒真相的手段,骗取受害人的钱财,已经构成了诈骗罪。同时,五人的诈骗数额巨大,在量刑的时候应当予以考虑。

案例 25：

牟某预谋物色人员做"枪手"，将"枪手"的手臂敲断佯装工伤的方式骗取他人财产。牟某找到石某，由石某在当地大酒店装修工地工作。石某故意将手臂打成骨折，随后石某回到工地干活，并虚构在工作中将手摔断的事实。随后，牟某出面以"私了"为名，从该工地负责人那里获赔 10500 元。牟某和石某分别被判处拘役及有期徒刑和罚金。

案例 25 是故意自伤、佯装工伤、骗取赔偿的案件。我国法律对工伤的处理方式做了较为明确和细致的规定，单位依照法定程序安顿员工就可以。而有些单位为了方便或者其他原因，往往更愿意选择"私了"，这也恰恰给牟某和石某这样的人可乘之机。当然，一般的"私了"都是基于真实的工伤事件而产生的，而牟某和石某导演的"私了"根本不存在工伤。石某采用自伤、佯装工伤的手段，让单位误以为石某的伤属于工伤，应当按工伤的处理流程进行。牟某和石某的这种行为属于虚构事实、隐瞒真相，导致工地的负责人信以为真，并愿意为石某所受的伤支付一定赔偿金。这一切均符合诈骗罪的构成要件，牟某和石某共谋对单位进行诈骗，属于共同犯罪，都应以诈骗罪论处。

案例 26：

郎某自称是算命先生，靠帮别人看相、去晦气谋生。郎某经常到一些落后的农村摆一两天摊位，利用农村妇女相信迷信的心理赚钱。为避免不必要的纠纷，郎某从来不在同一个村摆两次摊位。这天，他来到一个十分闭塞的村庄，在村口摆起了摊位。来来往往的村民对此很是好奇，却没有人光顾生意。郎某不愿意一无所获就离开，便物色了一名较为富有的老太太搭讪，告诉她，她家里将有一场灭顶之灾，现在只有他能够帮助这位老太太。老太太被郎某说得心惊肉跳，不敢不信，就带着郎某到自己的房子里看了一圈。郎某告诉老太太，需要对这间房子施展法力,去除晦气,当然也要向各路神仙意思意思。老太太一心求平安,交给郎某20000元钱,然后郎某就搞鼓他的那些工具,装模作样地帮助老太太施法。

案例26中的迷信行为在我国尤其是农村地区非常普遍。面对大自然或自身发展中一些不可解释的现象,人们往往会通过神的旨意加以解释,减少自己对科学对世界的不可知。像郎某这样的"算命先生"恰恰利用了人们的迷信心理,装神弄鬼,从而达到获取钱财的目的。毫无疑问,这些"算命先生"对于人性、沟通、察言观色有着超乎常人的能力,但是他们绝对没有所谓改变命运、去除晦气的能力。郎某通过虚构"老太太家里将会遭受灭顶之灾"这样的事实,来获取老太太的信任,老太太则在这种恐惧中宁可花钱消灾,恰恰满足了郎某获取财物的目的。因此,郎某的这种行为已经构成了诈骗罪,应当受到一定的惩罚。在诈骗罪中,受害人往往心甘情愿地交出自己的钱财,这种心甘情愿是由犯罪分子通过虚构事实和隐瞒真相达到的。换言之,老太太之所以愿意交出20000元钱,是因为她相信郎某能帮助她家去除所谓的灭顶之灾;否则,她不可能愿意拿出这笔"巨款"。

10.信用卡诈骗罪如何量刑?

信用卡是现代社会一种重要的支付手段,它利用人们的信用进行透支。信用卡在方便老百姓生活、节约经济活动成本方面有着非常重要的作用,但也有部分老百姓对自身信用缺少重视,信用卡欠钱不还甚至还有盗窃、诈骗等情形,扰乱了金融秩序,不利于社会的稳定和进步。信用卡诈骗罪是指以非法占有为目的,违反信用卡管理法规,利用信用卡进行诈骗活动,骗取财物数额较大的行为。犯罪分子主要利用信用卡所代表的信用来实施诈骗活动。信用卡诈骗罪是诈骗罪中的一种,但是作为特殊规定,享有优先适用的权利;只有等到行为不符合信用卡诈骗罪,才能适用普通的诈骗罪进行定罪量刑。

根据《中华人民共和国刑法》第一百九十六条规定,有下列情形之一,进行信用卡诈骗活动,数额较大的,处五年以下有期徒刑或者拘役,并处二万元以上二十万元以下罚金;数额巨大或者有其他严重情节的,处五年以上十年以下有期徒刑,并处五万元以上五十万元以下罚金;数额特别巨大或者有其他特别严重情节的,处十年以上有期徒刑或者无期徒刑,并处五万元以上五十万元以下罚金或者没收财产:(一)使用伪造的信用卡,或者使用以虚假的身份证明骗领的信用卡的;(二)使用作废的信用卡的;(三)冒用他人信用卡的;(四)恶意透支的。

信用卡诈骗行为包括以下情形。第一,使用伪造的信用卡。信用卡是由银行或信用卡公司按照一定的要求和程序颁发的。有的犯罪分子会通过信用卡的质地、模式、板块、图样和磁条等主要内容制造出一张仿真的信用卡,或者对某张真实的信用卡内容进行修改,然后拿着这张信用卡到商场买东西、支付现金等。第二,使用作废的信用卡。信用卡会到期,信用卡持卡人也可以通过正当程序宣布某张信用卡无效,失主也会去挂失信用卡,卡号被涂改过的信用卡会失效……这些行为都会导致特定信用卡失效,银行或信用卡中心就会对其停止支付。第三,冒用他人的信用卡。信用卡只能由合法持有人适用使用,不得转借或转让。如果钱包丢失,信用卡和身份证同时丢失,就会给拾得者可乘之机。他们可以在持卡人挂失前,冒充为合法持卡人,模仿持卡人的签名,刷卡或提取现金。冒用他人信用卡包括拾得他人信用卡并使用,骗取他人信用卡并使用的,窃取、收买、骗取或者以其他非法方式获取他人信用卡信息资料,并通过互联网、通讯终端等方法使用以及其他方式。第四,进行恶意透支。透支是信用卡的功能,指在客户账户已无资金或资金不足的情况下,可以以超过账户资金的额度使用款项,实际上就是借钱给客户。而恶意透支是指信用卡的持卡人以非法占有为目的,超过规定限额或者规定期限透支并且经发卡银行催收后仍不归还的行为。简单地说,正常透支是指借了打算要还,恶意透支是指借了之后不打算还。恶意透支包括明知没有还款能力而大量透支,无法归还;肆意挥霍透支的资金,无法归还;透支后逃匿、改变联系方式,逃避银行催收;抽逃、转移资金,隐匿财产,逃避还款;使用透支的资金进行违法犯罪活动;其他方式。

案例 27:

商某到农业银行网点的自动取款机上取款转账后,匆匆忙忙地离开,没有将自己的农行金穗卡从自动取款机上取走。随即,龚某在该取款机上取款时,发现商某的信用卡还处在自动取款的状态。龚某四下环顾,就冒用该卡在银行取款机上取得现金 17000 元。案发后,赃款已经退还给商某。龚某被判处有期徒刑一年六个月,缓刑二年,并处罚金人民币三万四千元。

案例 27 从表面上看为盗窃罪而不是信用卡诈骗罪。自动取款机为客户服务,是根据事先设置的程序进行的,只有持卡人本人通过输入正确的密码才能取款。而此处的密码相当于对客户身份的认证,系统将能正确输入密码的人默认为信用卡的合法持有人。此时,龚某利用还在自动取款状态下的商某的信用卡,实际上是利用了商某之前输入的密码,与冒充他人身份占有财物没有区别。如果只是盗窃信用卡,那么盗窃者过不了密码这关,很难取出里面的钱。龚某只能通过虚构事实、隐瞒真相的方式欺骗系统,使自动取款机系统陷入错误从而自愿吐钱,达到了龚某获取钱财的目的。因此,龚某的行为应当以信用卡诈骗罪论处,而不是盗窃罪。

案例 28：

2006 年 5 月，柳某向 S 银行申领了一张信用卡，并持卡消费、到自动取款机取钱，柳某最后一次还款后尚欠本金 5 万余元；2006 年 6 月，柳某向 G 银行申领了一张信用卡，并持卡消费、到自动取款机取钱，柳某最后一次还款后尚欠本金 2 万余元；2006 年 9 月，柳某向 J 银行申领了一张信用卡，并持卡消费、到自动取款机取钱，柳某最后一次还款后尚欠本金 8 万余元；2006 年 10 月，柳某向 Z 银行申领了一张信用卡，并持卡消费、到自动取款机取钱，柳某最后一次还款后尚欠本金 2 万余元；上述款项经银行多次催讨，柳某仍然拒绝支付。案发后，家属帮助其退还了全部赃款。最终，柳某被判处有期徒刑 5 年，并处罚金 5 万元。

案例 28 中的刘某于 2006 年频繁办理信用卡，消费数额惊人，最终导致所有的信用卡都没有办法还清所欠款项。经银行多次催讨之后，仍然不予支付。柳某违反国家信用卡管理法规，使用信用卡恶意透支，骗取财物，数额巨大，应当按信用卡诈骗罪加以处理。随着信用卡的发展，很多人逐渐习惯使用信用卡进行消费，享受信用卡带来的便利和优惠。但是，也有一些人对信用不加以重视，没有及时还款的意识，导致办理的信用卡恶意透支。尤其是部分大学生，接触到可以透支的信用卡，购物欲望日渐强烈，导致消费数额惊人，最终却面临不能按时还款的境地。因此，信用卡只是现代社会的一种支付方式，消费方式应当符合自己的消费能力，要量力而行。

案例 29：

秦某、李某经过预谋后到某支行，将事先准备好的微型摄像机和读卡器装在该银行的自动取款机上，并将杨某信用卡上的信息和密码窃取后复制了杨某的信用卡。不久，三人用复制的信用卡将杨某卡上的 305159 元取走，后三人分赃。秦某、李某逃窜到日照市用上述同样的方法取走 61333 元。秦某被判处有期徒刑 12 年零 6 个月,并处罚金 10 万元,李某被判处有期徒刑 12 年,并处罚金 10 万元。

案例 29 中秦某、李某通过微型摄像机和读卡器等手段复制信用卡上的信息,并利用伪造的信用卡取走现金。秦某和李某违反国家信用卡管理法规,使用伪造的信用卡,骗取财物,数额巨大,应当按信用卡诈骗罪加以处理。

11.非法吸收公众存款罪如何量刑?

非法吸收公众存款罪,是指违反国家金融管理法规非法吸收公众存款或变相吸收公众存款,扰乱金融秩序的行为。根据法律规定,只有合法的金融机构才有资格吸收公众存款,其他人和单位不享有这种权利。对公众存款的去向做出如此严格的规定,是为了稳定我国的金融市场和货币市场,保证物价稳定,便于国家宏观调控的开展;也为了保证公众存款的安全性,避免公众无法收回本金的现象,维持社会稳定。然而,我国企业和个人在发展的过程中都难免会碰到资金短缺问题,金融机构面对"短、频、快"的资金需求力不从心;而老百姓的流动资金没有较好的投资渠道,面临贬值的风险。部分人恰恰利用这一空子,非法吸收公众存款,即所谓的集资,然后将款项用于自身的发展,甚至发放高利贷。当这些人的资金比较充裕时,一借一贷可以盘活整个资金链,使调度方、老百姓、资金需求者三方都能获利。但是当资金紧张或收贷款难时,整个资金链就会崩溃,老百姓连拿回本金都显得十分困难,更谈不上利息。因此,我国刑法对非法吸收公众存款的行为加以严厉打击。

《中华人民共和国刑法》第一百七十六条规定:非法吸收公众存款

或者变相吸收公众存款,扰乱金融秩序的,处三年以下有期徒刑或者拘役,并处或者单处二万元以上二十万元以下罚金;数额巨大或者有其他严重情节的,处三年以上十年以下有期徒刑,并处五万元以上五十万元以下罚金。单位犯上述罪行的,对单位判处罚金,并对其直接负责的主管人员和其他直接责任人员,依照非法吸收存款罪的规定处罚

非法吸收公众存款的构成要件是未经中国人民银行批准,向社会不特定对象吸收资金,或者不以吸收公众存款的名义,出具凭证,承诺在一定期限内还本付息,扰乱金融秩序。非法吸收公众存款的对象须具有不特定性,即社会上的大多数人。每个人都免不了向别人借钱,也可能会向好几个亲朋好友借钱,但是这种情况的借钱局限于自己亲密的人,而不是面向社会上的大多数人。当然,非法吸收公众存款的对象是社会上的大多数人,并不意味着要从社会上大多数人那里获取资金。只要对大多数人都有获取存款的可能,就符合上述非法吸收公众存款罪的一个构成要件。

为了达到非法吸收公众存款的目的,犯罪分子往往会使出浑身解数,非法提高存款利率或者变相提高利率。行为人只要实施了非法吸收公众存款或者变相吸收公众存款,扰乱金融秩序的行为,便构成本罪,并没有商量的余地。这也反映了立法上对本罪行为人所实施的、严重破坏金融市场秩序的行为从严打击的意向。当然,要注意的是,非法吸收公众存款的犯罪分子并不是想骗得资金不归还,而只是通过资金的往来帮助自身和资金持有者获利,只有当资金链断裂时才有可能不支付本金。

案例 30:

林某某等 7 名被告人都被指控犯非法吸收公众存款罪,总共牵涉到非法集资款 11 亿元之多。其中被告人林某某涉嫌金额最大。林某某于 2005 年底至 2007 年 1 月,采取书面或口头承诺还本付息的方式,以

借款、投资、资金周转等名义，向吴某某、浙江某某实业有限公司等71人、1个单位非法吸收存款86515万元，案发时已归还本金41147万余元，支付利息7000余万元，尚欠本金45367万余元，另将吸存的资金高息放贷给吴某、陈某等人，共计52101万元。2005年至2007年2月期间非法吸收存款86515万元，林某某被判处有期徒刑6年。

案例30中的林某某是吴某案中的最大债权人，其"上线"债权人大约有五六十人，因此备受关注。在吴某案发之前，林某某专门做资金生意，一直信誉很好，义乌那些老板都愿意把手中的闲钱拿到林某某那里放贷，林某某也称自己为"不合法的银行"。林某某对自己的判断是很准确的，他作为资金的"中转站"，赚取利息差，而老百姓和资金需求者各取所需，他也就充当了银行的职责。但根据我国的法律规定，林某某不具有吸收公众存款的权利，他这个"银行"是不合法的。因此，林某某违反国家金融管理法规非法吸收公众存款或变相吸收公众存款，扰乱金融秩序，应以非法吸收公众存款罪论处。

案例31：

章某与福建某某生物工程连锁有限公司做益生藻产品，以每份报单300元，60天还本利650元，并送一份益生藻产品。后来，福建某某生物工程连锁有限公司亏本倒闭，章某也停止做益生藻产品。2000年初，章某自称仿照原福建某某生物工程连锁有限公司的模式，开始运作珠海"天年"公司的"天年"产品和宜春"井竹"公司的"井竹"产品，以每份报单300元，60天返还330元至340元不等，并送一份"天年"产品或"井竹"产品。随着章某的亏损越来越大，她把客户的手上的借据、收据收回，改为股东卡，按月息1%支付。被告人章某共发放股东卡170张，存款达到4922593元。2001年11月，被告人章某无法继续运作，停止了对股东付息。

案例31中章某非法吸收公众存款的方式比较复杂。章某不是直接吸收公众存款,而是变相吸收公众存款,即通过连锁公司运营模式、股东卡等方式。与普通的钱来钱往不同的是,变相吸收存款是在合伙、公司等形式的掩盖之下。但是,这种形式上的复杂性并不影响章某构成非法吸收公众存款罪。变相吸收公众存款是在更为体面、合法的伪装下进行的,往往涉及的不特定人数更多,所涉金额更大,且这种披着合法外衣的隐秘行为也使相关监管部门不易察觉,从而可能造成更大的社会危害性。

案例 32:

俞某是浙江著名的企业家,在化工、地产、酒店等各个领域都有涉猎。香料香精企业是俞某的第一桶金,其收益最为稳定。为了给其他项目配足资金,俞某在香料香精企业的职工内部吸收存款,按月发放利息。企业职工也发展亲朋好友来集资,金额共计 6000 万元,在企业所处的小地方影响很大。后来,俞某经营的酒店和地产出现严重问题,拖垮了他的资金链,原本按时发放的利息付不出来了,本金更是没有着落。

案例 32 中俞某的做法在部分企业主身上也可以发现。他们为了扩大企业规模向社会上的大多数人募集资金。虽然俞某的集资行为起初限定在企业内部职员,但实际上参与的人绝大多数是职工的亲朋好友。俞某在集资的时候并未对职工身份进行审查,同时对企业外人员的资金也是默认的。从这个角度来说,俞某的行为已构成了非法吸收公众存款的要件,应按非法吸收公众存款罪处罚。

12.敲诈勒索罪如何量刑?

敲诈勒索罪是指以非法占有为目的,对被害人使用威胁或要挟的方法,强行索要公私财物的行为。敲诈勒索行为在社会上的混混中比较常见,他们往往不自食其力,花钱又大手大脚,只能通过敲诈勒索等方式弄点零花钱。一些地方的黑社会性质组织和恶势力团伙,把敲诈勒索作为称霸一方、欺压群众的经常性手段;有的敲诈勒索数额特别巨大,社会危害巨大,严重扰乱社会治安秩序。

《中华人民共和国刑法》第二百七十四条规定:敲诈勒索公私财物,数额较大的,处三年以下有期徒刑、拘役或者管制;数额巨大或者有其他严重情节的,处三年以上十年以下有期徒刑。行为人冒充治安联防队员"抓赌"、"抓嫖"、没收赌资或者罚款的行为,构成犯罪的,以敲诈勒索罪定罪处罚。

在敲诈勒索案件中,犯罪分子通过威胁、要挟、恫吓等方式,逼迫受害人按照犯罪分子的意愿交出财物。威胁,是指通过危害受害人权利来逼迫受害人交出财物,即如果不按犯罪分子的要求交出财物,就会在将来某个特定的时候遭受犯罪分子的迫害。威胁的内容多种多样,可以对受害人及其亲朋好友的生命、自由、名誉等进行威胁,只要能使受害人产生恐惧心理就可,至于受害人最终是否产生了恐惧心理并无影响。威胁的内容可以由犯罪分子自己实施,也可以由其他人实施。威胁的内容可以是违法的也可以是合法的,如犯罪分子知道他人的犯罪事实,以向司法机关告发对受害人进行威胁,告发行为本身是合法的,但以此进行敲诈勒索就是违法的。要挟,是指抓住受害人的把柄或者制造迫使受害人交出财物的借口,如以揭发贪污、盗窃等违法犯罪事实加以要挟。

案例 33:

王某到当地一家理发店,对店员说:"如果想在这里平安开店就拿2万元钱给我,否则我要过来砸店。"过了两天,王某又到理发店里问钱准备好了没有,老板说没有。因为害怕,老板还留了王某的电话,说:"等我准备好钱就通知你。"又过了两天,老板在店里帮客人洗头发,王某又来到理发店,称:"今明两天再不给钱就把你的店砸了。"随后,老板到公安局报案,公安人员让老板通知王某过来取钱,当王某前来理发店取钱时,埋伏在理发店里的公安人员立即将王某抓获归案。最后,法院判处王某有期徒刑十个月,并处罚金三千元。

案例33中王某的行为在日常生活中也可看到,一些地痞流氓经常骚扰当地的生意人,以"保护费"、"入行费"等各种名目敲诈勒索。做生意的老板为了平安,往往会满足他们的需求,按照他们说的数额缴费。屡屡得手后,地痞流氓的胆子大了,胃口也会更大,当地的生意人真是叫苦连连。本案中,理发店老板身为一名生意人,开门做生意讲究的就是平安和气,王某却屡次上门讨要2万元钱。王某扬言收不到2万元钱就把理发店砸掉,这种威胁对于一般的人来说是足以产生恐惧心理的。毕竟理发店是老板张罗起来的,里面的财产如果被砸毁了,自己不仅会遭受财产损失,而且将有一段时间无法正常经营,损失是比较严重的。在一般情况下,很多老板会选择花点钱息事宁人,理发店的老板或许也动过这种念头。敲诈勒索罪只要求犯罪分子的行为对受害人的威胁足以产生恐惧心理,这是从普通大众的观感进行判断,至于是否真的使受害人产生恐惧心理就不予考虑了。王某敲诈勒索他人财物,数额较大,其行为已构成敲诈勒索罪,应依法惩处。当然,理发店老板没有屈服于王某的淫威,选择了通过司法机关解决问题,没有助长犯罪分子的气焰。这种有勇有谋的做法为自己赢得了利益,也是我们大家学习的好榜样。

案例 34:

窦某和郑某原本是一对情侣,但因性格不合常发生冲突,最后分手。窦某认为郑某欺骗了自己的感情,试图通过电话联系郑某,但是郑某一直没有回应。于是,窦某就发短信给郑某的妹妹,要求郑某赔偿感情损失费5万元,理由是两个人一起生活时,自己为郑某花费了很多钱。窦某还威胁郑某，如果她不给这笔精神损失费，就放火把郑某家的房子烧掉。短短6天内，郑某的妹妹收到窦某发送的威胁短信共50多条。郑某向公安机关报案，经查，窦某与郑某在交往期间的花销采用AA制，并不存在经济上的债权债务关系。

案例34中窦某与郑某本是恋人关系，分分合合是很正常的事情。窦某却在分手后找前女友郑某的茬。根据公安机关的调查结果，窦某和郑某在一起时采用AA制，不存在债权债务关系，也不像窦某说的"为郑某花费了很多钱"。但是窦某却以"为郑某花费很多钱"这一不实理由对郑某进行敲诈勒索。每个人对家的感情是特殊的，都会尽自己最大的力量去维护家中的和睦与平安。窦某的威胁短信共有50多条，扬言如果拿不到钱就要放火烧了郑某的家。当然，窦某可能只是这么吓吓郑某，并没有想过要真的放火烧掉她的家，但敲诈勒索罪并不需要威胁的内容实现，只要犯罪分子的威胁能够对受害人产生恐惧心理就可以了。从这一点上来说，窦某的行为已经能够使郑某全家都战战兢兢。因此，窦某通过电话、短信的方式向郑某索要钱款，同时多次发出威胁的意思表示，已经涉嫌敲诈勒索罪。

案例 35：

姜某于2012年7月以砖厂的运泥车经过姜村的村道为由，先后两次把摩托车、电动车摆放在泥路中间，威胁砖厂给他们钱，否则不让运泥车通行。砖厂老板被迫给了姜某8000元，运泥车才得以通行。案发后，姜某已经退还全部赃款，并获得了砖厂老板的谅解。

案例35中，姜某以砖厂的运泥车路过村道就开口要钱，未免有些霸道。我国目前道路建设非常迅速，就是为了让行人、汽车通过。随着经济活动日益频繁，经济往来日益增多，道路的使用频率进一步提高。一般来说，砖厂的运泥车有权利路过村道。当然，如果砖厂的运泥车重量过重，超出村道的承受能力，对村道造成了极大损坏，那就另当别论了。

砖厂的运泥车如果对村道造成了损毁,砖厂老板应对此承担赔偿责任,但相关的赔偿责任应当通过正当的程序和方式加以落实,而不能像姜某那样通过威胁方式索要钱财,姜某无权代表村里去收取这笔钱,更没有权利私吞这笔钱。而这起案件中,并不存在砖厂的运泥车严重损坏村道的情形,姜某是为了捞钱才想出这个点子。因此,姜某以非法占有为目的,使用威胁或要挟的方法,强行索要他人财物,数额较大,其行为已经构成敲诈勒索罪,应当以敲诈勒索罪论处。

13.交通肇事罪如何量刑?

改革开放以后,经济飞速发展,国内汽车工业迅猛发展,人民的物质生活水平显著提高,城乡居民的汽车保有量逐年提高。但是,道路建设的速度和科学性却跟不上车辆的增多;行人、驾驶员的安全理念淡薄,随意横穿马路、酒驾、飙车等不文明行为不少见。在这两方面原因的共同作用下,交通事故频频发生。同时,夏天天气燥热,人的情绪容易产生波动,脾气暴躁,更容易出现事故,出了事故后也有不理智的行为,使情况更为复杂。为保障人民的生命健康,营造良好的出行氛围,我国《刑法》对交通肇事罪做出较为严格的规定。交通肇事罪,是指违反道路交通管理法规,发生重大交通事故,致人重伤、死亡或者使公私财产遭受重大损失,依法被追究刑事责任的犯罪行为。

《中华人民共和国刑法》第一百三十三条规定:违反交通运输管理法规,因而发生重大事故,致人重伤、死亡或者使公私财产遭受重大损失的,处三年以下有期徒刑或者拘役;交通运输肇事后逃逸或者有其他特别恶劣情节的,处三年以上七年以下有期徒刑;因逃逸致人死亡的,处七年以上有期徒刑。交通肇事具有下列情形之一的,处三年以下有期徒刑或者拘役:(1)死亡1人或者重伤3人以上,负事故全部或者主要责任的;(2)死亡3人以上,负事故同等责任的;(3)造成公共财产或者他人财产直接损失,负事故全部或者主要责任,无能力赔偿数额在30万元以上的。交通肇事致1人以上重伤,负事故全部或者主要责任,并具有下列情形之一的,以交通肇事罪定罪处罚:(1)酒后、吸食毒品后驾驶机动车辆的;(2)无驾驶资格驾驶机动车辆的;(3)明知是安全装置不全或者安全机件失灵的机动车辆而驾驶的;(4)明知是无牌证或者已报废的机动车辆而驾驶的;(5)严重超载驾驶的;(6)为了逃避法律追究而逃离事故现场的。

交通肇事罪的犯罪主体包括交通运输人员和非交通运输人员。其中,交通运输人员包括交通运输工具的驾驶人员,如火车、汽车、电车司机等;交通设备的操纵人员,如扳道员、巡道员、道口看守员等;交通运输活动的直接领导、指挥人员,如船长、机长、领航员、调度员等;交通运输安全的管理人员,如交通监理员、交通警察等。他们担负的职责与交通运输有直接关系,一旦不正确履行自己的职责,都可能造成重大的交通事故。非交通运输人员是指非司机违章开车,在交通运输中造成了重大的交通事故。在偷开汽车中因过失撞死、撞伤他人或者撞坏了车辆,又构成其他罪的,应按交通肇事罪与他罪并罚。

是否违反交通运输管理法规,违反交通运输管理法规与重大交通事故是否存在因果关系,是判断犯罪分子有无主观罪过的重要依据。如果行为人没有违法交通运输管理法规或虽有违法行为但与重大交通事故无因果关系,如单纯因为受害人不守交通规则,地震、泥石流、台风、洪水等自然原因,就不以交通肇事罪论处。

案例 36:

何某是一名屠夫,每天早上在镇集市上卖完猪肉就开拖拉机到邻镇游玩。这天,何某玩得很尽兴,到晚上十点钟才回家。老婆每隔十分钟就给他打电话,让他早点回家。何某心里一急,就加快了车速。A路口的路灯时明时暗,当陈某路过时该灯突然又开始不亮了,何某没有注意到陈某,将其撞飞,发出巨大的撞击声。起初,何某以为是车上的箱子掉到了地上,等他走近一看,才发现是撞到人了。何某立即拨打120,并向公安部门报警。但是,陈某因受伤严重,不幸身亡。

案例36中的何某因快速驾车,对前方状况估计不准,最后撞死了陈某。当前,交通事故频发,汽车、拖拉机、摩托车因驾驶速度较快,一旦发生事故后果比较严重,往往会给行人和其他驾驶员的生命安全造成极大的威胁。本案中,何某见陈某受重伤奄奄一息,没有逃跑,主动拨打110和120,为陈某的抢救争取了时间。虽然陈某最终还是不幸身亡,但是何某并没有逃逸,陈某的死不是因为何某逃逸造成的。根据《中华人民共和国刑法》第一百三十三条规定,何某应被处三年以下有期徒刑或者拘役,处罚相对较轻。当然,在本案中,路口的路灯坏了很长时间却没有相关的政府部门对其加以修理,不利于维护交通安全,这起事故值得政府管理部门反思。

案例37:

秦某在北京某工地打工,住在工地附近的员工宿舍里。晚上九点,秦某去工地附近的商店里买香烟。当他走过斑马线时,从左边拐过来的汽车直接把秦某撞到13米开外的地方。驾驶员陆某从后视镜中看到倒在血泊中的秦某,十分害怕,不知道该怎么办。最后,陆某还是踩下油门逃走了。幸运的是,秦某的另一工友王某刚好路过此地,立即拨打120对秦某加以救治,保住了秦某的性命。

案例37中陆某发生交通事故,将秦某严重撞伤之后,仍然开车逃走,不顾秦某死活。虽然秦某在工友王某的帮助下保住性命,但是陆某的这种恶劣行为应当受到法律的严惩。根据《中华人民共和国刑法》第一百三十三条规定,交通运输肇事后逃逸或者有其他特别恶劣情节的,处三年以上七年以下有期徒刑。像陆某这样的驾驶员在事故后逃逸,将会直接导致受伤人员错失救治的良机,同时也是事故造成者逃避责任的表现,使得受伤人无处索赔,其情节十分恶劣。驾驶员都不愿意发生交通事故,这就要求每位驾驶员保持清醒驾驶,避免酒后驾车或者瞌睡驾驶,同时严格按照规定驾驶,控制车速,判断路况,从而避免事故的发生。当然,有些驾驶员难免发生交通事故,给行人或者其他驾驶员的生命安全造成极大地威胁,这时候发生交通事故的驾驶员应当要保持冷静,对受伤人员采取救助手段,而不是一跑了之。如果选择逃逸,发生交通事故的驾驶员不仅会良心上过不去,同时也将受到法律上的严惩,实在是得不偿失。

案例 38:

周末,宋某载着女朋友去离市区 30 公里外的小溪里游泳,并在当地农家乐吃饭。晚上十点,返回市区的宋某路过贾村的村道。宋某和女朋友相互嬉戏打闹,开车十分不专注,将捕完鱼回家的贾某撞倒。宋某和女朋友下车查看,贾某还没有断气。宋某想要报警,女朋友极力反对,声称这个时候路上并没有其他行人,只要他们走了就万事大吉,如果报警将会面临很多麻烦的事情。女朋友拉着宋某上了车,两人驱车回到市区,装作什么也没有发生。贾某因为抢救不及时、失血过多,不幸身亡。

案例 38 中的宋某在交通事故以后逃跑,导致贾某死亡,宋某的行为非常恶劣。本案中,贾某的受伤情况并不是十分严重,只要得到及时、正确的救治,就可以脱离生命危险。但是,宋某为了逃避责任,竟然将受伤的贾某丢在路上,而此时的村道几乎没有行人经过,贾某死亡的结果是具有极大的可能性。换言之,贾某的死亡很大程度上是由宋某的逃逸造成的。根据《中华人民共和国刑法》第一百三十三条规定,因逃逸致人死亡的,处七年以上有期徒刑。

14.重婚罪如何量刑?

　　重婚罪,是指有配偶又与他人结婚或者明知他人有配偶而与之结婚的行为。所谓有配偶,是指男有妻、女有夫,且这种夫妻关系尚未经法律程序解除而继续存在。如果夫妻关系已经解除,或者配偶一方死亡的,夫妻关系自然终止,成为没有配偶的人。所谓又与他人结婚,是指骗取合法登记手续或者未经登记但以夫妻关系共同生活的事实婚姻。当前有些人婚姻道德观念淡薄,对家庭不够忠贞,心存侥幸,寻求刺激。夫妻关系中产生的矛盾得不到及时的处理,导致积怨已久,通过重婚、非法同居等极端手段处理婚姻情感危机。另外,我国婚姻登记管理不够健全,给利用他人身份证登记、伪造信息的不法分子提供了活动空间,使他们能够拥有多份婚姻登记手续。在各种因素的作用下,近年来重婚罪犯罪率大幅度提高。然而,我国婚姻法主张一夫一妻制,重婚罪破坏了社会主义的家庭制度,必须给予刑事处罚。

　　《中华人民共和国刑法》第二百五十八条规定:"有配偶而重婚的,或者明知他人有配偶而与之结婚的,处二年以下有期徒刑或者拘役。"如两人虽然同居,但明显只是临时姘居关系,随时可以自由撤散,或者在约定时期届满后即结束姘居关系的,则只能认为是单纯非法同居,不能认为是重婚。

　　目前,一些老百姓尤其是偏远地区和农村地区的老百姓,结婚看中的是摆酒席,而不去婚姻登记中心登记。事实上,夫妻关系从登记之日起才生效,摆酒席只是传统习俗而已,并不导致夫妻关系的成立。当然,我国法治化进程发展较为缓慢,很多老夫老妻根本没有经过登记就结婚生子、共同生活。对这些事实上共同生活的关系要加以区分：1994年2月1日《婚姻登记管理条例》公布实施以前，男女双方已经符合结婚实质要件的，按事实婚姻处理，。1994年2月1日《婚姻登记管理条例》公布实施以后，男女双方符合结婚实质要件的，人民法院应当告知其在案件受理前补办结婚登记；未补办结婚登记的，按解除同居关系处理。也就是说，1994年2月1日前的事实婚姻得到了法律的认同，而1994年2月1日以后的事实婚姻不具有法律效果，必须补办结婚登记才有效。

在判断夫妻关系是否成立时，对1994年2月1日以后的事实婚姻不再承认。但我国刑法对于重婚的行为却仍然承认"事实婚姻"，即已婚人士与他人形成的事实婚姻同样构成重婚罪。这是因为重婚罪严重影响了社会关系，对家人尤其是小孩产生了极其严重的影响，必须要加大处罚力度。重婚罪一般包括以下情形：第一种是两个法律婚的重婚。即行为人与配偶登记结婚后，与他人又登记结婚构成重婚罪的。我国主张一夫一妻制，两个法律婚一般是由当事人通过欺骗、串通等手段达成的。第二种是先法律婚后事实婚。与配偶登记结婚后，与他人未经登记确立却以夫妻关系共同生活而构成重婚罪。第三种是没有配偶，但明知对方有配偶而与其登记结婚或以夫妻关系共同生活而构成重婚罪。

另外，根据《中华人民共和国婚姻法》第四十六条规定，有下列情形之一，导致离婚的，无过错方有权请求损害赔偿：（一）重婚的；（二）有配偶者与他人同居的；（三）实施家庭暴力的；（四）虐待、遗弃家庭成员的。即，因重婚的或有配偶者与他人同居的，导致离婚的，无过错方有权请求损害赔偿。"

案例39：

高某和妻子关系不好，妻子常年在外打工。高某长得比较英俊，能言善辩，比较讨女性喜欢。高某特别喜欢赌博，在赌博中认识了凌某，两人相见恨晚，迅速结合。自那以后，凌某就住到了高某家里，村子里的人都把她当作高某的妻子。凌某的丈夫几次上门要求凌某回家，高某都威胁凌某的丈夫，让他安分点，否则给他点厉害看看。高某的亲戚朋友办事情，都会带着凌某去参加；凌某的女儿结婚，凌某把高某的亲戚朋友都邀请过去了，就像是高某自己的女儿结婚那样隆重。

案例 39 中的高某和凌某属于先法律婚而事实婚。高某的妻子在外打工，常年不在家，但是两人未办理离婚手续，在法律上他们还是夫妻关系，凌某也是有夫之妇。但是高某和凌某在法律婚未结束前，却以夫妻关系的名义共同生活。他们不仅完全进入对方的圈子，当地的群众都把他们看作是夫妻，已经构成了事实婚姻。高某和林某先法律婚而事实婚，已经构成了重婚罪，应当受到法律的严厉制裁。

案例 40：

李某嫌弃自己的丈夫无能，一个人在蔡某家附近开了一家早餐厅，生意比较兴隆。平日里，蔡某帮李某干活，晚上一起出去玩，渐生情愫。李某的丈夫和蔡某的妻子知道他们的事情后，都想出各种各样的办法阻挠他们。于是，李某和蔡某整理行李，一起私奔到陌生的地方，开始重新生活。为了能够光明正大地在一起，李某和蔡某找到当地的熟人，让帮忙办理假的证件和信息，两人在当地办理了结婚登记。结婚的第二年，李某生了一个儿子。

案例 40 是李某和蔡某的两个法律婚。李某是有夫之妇，蔡某是有妇之夫，虽然他们选择私奔到陌生地方，但是他们各自的婚姻关系并没有因此而终结。同时，李某和蔡某采用不正当的手段骗得婚姻登记，重新得到一份"法律婚"。乍一看，李某和蔡某的婚姻似乎也得到了法律的认同。然而，李某和蔡某的两个法律婚，实际上已经构成了重婚罪，将得到法律的严惩。虽然李某和蔡某的婚姻关系无效，但是李某为蔡某生的儿子，却享有完全的权利。孩子作为非婚生子，他的权利和义务却与婚生子一样。

案例41：

齐某和丈夫离异后，带着一个女儿独自生活，非常寂寞。当她认识丁某后，觉得自己陷入了热恋，觉得生活也变得多姿多彩。丁某已经结婚了，有一个儿子。齐某完全不在乎丁某有妻子这一事实，只想努力抓住眼前的幸福。齐某和丁某在市区租了一间出租房，两人共同生活。周围的人都以为他们是合法的夫妻，还常夸他们夫妻俩无比恩爱，就像刚谈恋爱的小青年那样。丁某的妻子一个人住在老房子里，每天以泪洗面。她拨打丁某的电话，丁某从来不接；她找丁某的亲朋好友做丁某的工作，却始终没有效果。丁某的妻子甚至提出了三个人共同生活，只要丁某能够回家就行。

案例41中的齐某已经与丈夫离异，确实可以选择新的生活伴侣，开始新的生活，但是丁某并没有结束与妻子的夫妻关系，齐某也知道丁某的情况。齐某被爱情冲昏了头脑，以为有了爱情什么都可以不管不顾，与丁某到市区共同生活。齐某明知道丁某有配偶，而以事实婚姻的方式与丁某共同生活，丁某未与妻子结束夫妻关系，而以事实婚姻的方式与丁某共同生活，都构成了重婚罪，应当受到法律的严惩。

15.组织卖淫罪如何量刑？

组织卖淫罪，是指以招募、雇佣、引诱、容留等手段，纠集、控制多人从事卖淫的行为。卖淫嫖娼是旧社会遗留下来的丑恶现象，毒害社会风气。但是，某些女性(当然也有男性卖淫)不愿意从事辛苦工作，通过出卖自己的肉体过上富足的生活。有些顾客单身，缺少固定的性伴侣，只能通过嫖娼方式才能满足自己的性欲望;有些顾客喜欢漂亮女性,想要到卖淫场所来寻找年轻漂亮的姑娘;有些顾客喜欢刺激,与妻子的合法性关系已经无法激起他们的兴趣,希望到卖淫场所寻找到新鲜感。这些行为败坏社会风气,对家庭关系造成损害,同时也会导致艾滋病等性病进一步传播。

根据《中华人民共和国刑法》第三百五十八条规定,组织他人卖淫或者强迫他人卖淫的,处五年以上十年以下有期徒刑,并处罚金;有下列情形之一的,处十年以上有期徒刑或者无期徒刑,并处罚金或者没收财产:(一)组织他人卖淫,情节严重的;(二)强迫不满十四周岁的幼女卖淫的;(三)强迫多人卖淫或者多次强迫他人卖淫的;(四)强奸后迫使卖淫的;(五)造成被强迫卖淫的人重伤、死亡或者其他严重后果的。有上述情形之一,情节特别严重的,处无期徒刑或者死刑,并处没收财产。协助组织他人卖淫的,处五年以下有期徒刑,并处罚金;情节严重的,处五年以上十年以下有期徒刑,并处罚金。根据《中华人民共和国刑法》第三百六十一条规定,旅馆业、饮食服务业、文化娱乐业、出租汽车业等单位的人员,利用本单位的条件,组织、强迫、引诱、容留、介绍他人卖淫的,构成组织卖淫罪。单位的主要负责人犯组织卖淫罪的,从重处罚。

组织,是指发起、建立卖淫团伙或卖淫基地,将分散的卖淫活动加以集中和控制,并从他人的卖淫活动中抽取分成。例如,将分散的卖淫人员组合成一个有组织性的、规模化的卖淫集团,将咖啡馆、歌舞厅、美容院等组织为固定的卖淫场所。组织卖淫的手段包括招募、雇佣、强迫、引诱、容留。招募,是将具有卖淫意愿的人员组织到卖淫集团,开展卖淫活动。雇佣,是将自愿卖淫的人员出资雇佣到卖淫集团。强迫,是用暴力、胁迫或者其他手段强迫不愿意参加卖淫活动的人员加入卖淫集团,开展卖淫活动。引诱,是用金钱、色相、财物或者其他利益为诱惑,诱使他人参加卖淫集团。容留,是容纳、收留自愿卖淫的人员到卖淫集团,集中开展卖淫活动。在组织卖淫活动中,只需要采取其中一样手段即可,不一定要五种手段都采取。

组织卖淫的人一般被称为"老鸨"、"妈妈桑"、"窝主"。组织卖淫的对象是他人,不是指一个人,而是指多人。他人主要指妇女,同时还包括不满十四周岁的幼女和男性。构成本罪的人只包括组织卖淫的人,还不是实际卖淫的人,一般卖淫的人不以犯罪论处。当然,有些卖淫的人在卖淫的同时积极参加组织卖淫活动,如结伙卖淫,相互传递信息,互相提供方便,互为掩护,那么也将构成组织卖淫罪。

案例 42:

曹某开了一家理发店,雇了两个洗头妹。因为竞争激烈,理发店连续几个月亏损,曹某很苦恼。后来,曹某听说其他理发店是靠组织洗头妹卖淫营利的,理发只是幌子而已。曹某有些心动,问理发常客金老板需不需要特殊服务,经常出入声色场所的金老板顿时明白曹某的意思,并指定要颇有姿色的洗头妹咪咪亲自为他服务。咪咪不肯,曹某就对咪咪威逼利诱,咪咪服务一次就可以得到 100 元,如果咪咪不对金老板提供服务就别想拿这个月的工资。咪咪稀里糊涂地照着曹某的意思为金老板提供了特殊服务,金老板给了曹某 500 元钱。曹某尝到甜头后就开始盘算理发店的来钱方式了,她让咪咪和丽丽跟她一起把"特殊服务"搞大搞强,并让两位洗头妹推荐姿色较好的小姐妹过来打工。不出几日,曹某的理发店就集结了 10 余名年轻漂亮的"洗头妹",曹某托熟人介绍客源,让"洗头妹"为这些顾客提供特殊服务,曹某从中提成。直到三个月之后,曹某的非法活动被警方查获。

案例 42 中的曹某本来只是一位理发店的老板,从事正经生意,面对惨淡的生意竟然起了歹心。曹某让咪咪为金老板提供服务后尝到甜头,更是找来十余名年轻漂亮的"洗头妹",这些洗头妹名义上是帮助曹某理发店里的顾客洗头,实际上是为这些顾客提供性服务。曹某不仅招募、雇佣卖淫人员,并将这些卖淫人员加以集中管理和控制,为他们提供卖淫的场所,帮他们安排具体的卖淫对象。曹某的行为已经构成了组织卖淫罪,应以组织卖淫罪论处。

案例 43:

康某是娱乐城的小姐,为顾客提供性服务。康某在娱乐城工作了三年,除了拿基本工资以外,还能够拿到服务的提成和顾客的小费,收入比较可观。康某因为小事与领班发生了冲突,越想越生气。康某认为,领班只是对他们进行调度,但是抽取的提成比她们还要多,平时态度又极其恶劣。康某打算自己做生意,不愿再给娱乐城打工了。康某做娱乐城里几位小姐妹的思想工作,让她们跟着自己干。招募完人员后,康某租了一套四室一厅的房子,又联络了之前的老客,生意还算兴隆。

案例 43 中的康某原先是娱乐城的小姐,靠卖淫为生。卖淫有伤风俗。后来,康某因为纠纷,带着娱乐城的小姐妹卖淫。此时康某的行为性质发生了严重的变化,康某从一个卖淫者转化为组织卖淫者。《中华人民共和国刑法》对组织卖淫罪做出了明确的规定,康某招募、雇佣、容留卖淫人员,组成卖淫集团,提供卖淫地点。康某的所作所为已经构成了组织卖淫罪,应当受到法律惩处。

案例 44:

杨某在工商局登记设立了一家影视公司,但这家公司实际上是个卖淫集团。杨某以招募模特、电视演员而诱饵,到大街上寻找姿色较好的女生,为她们打造一个美好的明星梦。这些女生涉世不深,很难看出杨某所设的圈套,常常被骗。当女生们来到杨某所谓的影视公司时,杨某往往会让女生讨好导演,谎称这是走红前的潜规则。这些导演其实都是希望得到性服务的嫖客,他们的职业五花八门。有些女生警惕性较高,不愿意配合杨某,杨某就会用刀子在她们面前晃,告诉她们不听话的后果。惊恐之下,怀揣着明星梦的女生们也就按着杨某的指示行事。更可恶的是,杨某给这些女生拍摄了卖淫的视频,威胁她们如果下次不听话,就把这些视频寄到她们家。在杨某的威逼利诱下,这些女生一而再再而三地被玷污,有些人也开始接受这种工作,乐在其中。

案例44中杨某以影视公司负责人的幌子瞒骗年轻姑娘,让她们信以为真,前往影视公司。等年轻姑娘到了影视公司,杨某就继续哄骗她们服务所谓的"导演",甚至不惜动用暴力威胁,利用拍摄的视频逼迫这些年轻姑娘加入他的卖淫集团。不管杨某采用什么样的花招,杨某招募、逼迫、容留他人卖淫的行为,已经构成了卖淫罪。另外,杨某拍摄的视频等行为仍存在其他法律问题。

16.赌博罪如何量刑?

赌博罪,是指以营利为目的,聚众赌博或者以赌博为业的行为。目前,赌博是部分群众的娱乐活动。尤其是在农村地区,聚众赌博的现象多发,有些农民甚至用赌博打发时间,荒废庄稼。究其原因,有些人对于赌博的认识不够正确,觉得赌博只是个人爱好,根本不涉及法律问题。另外,我国特别是农村地区老百姓的文化生活比较匮乏,缺少陶冶情操、增长见识的文化内容。因此,赌博行为屡禁不止,仍有继续蔓延之势。赌博行为是产生其他犯罪的温床,也不利于社会的稳定,任其发展,后果不堪设想。因此,我国刑法对赌博行为加以规定。

《中华人民共和国刑法》第三百零三条规定:以营利为目的,聚众赌博或者以赌博为业的,处三年以下有期徒刑、拘役或者管制,并处罚金。开设赌场的,处三年以下有期徒刑、拘役或者管制,并处罚金;情节严重的,处三年以上十年以下有期徒刑,并处罚金。有下列情形之一的,应以赌博罪从重处罚:(一)具有国家工作人员身份的;(二)组织国家工作人员赴境外赌博的;(三)组织未成年人参与赌博,或者开设赌场吸引未成年人参与赌博的。

这条规定实际上包括了聚众赌博罪和开设赌场罪。所谓聚众赌博,是指组织、招引多人进行赌博,本人从中抽头渔利。这些人相当于私下开设了一个赌场,在里面赌博的人都要支付一定的资金,聚众赌博者通过提供场所和服务营利,自己一般不直接参与赌博。所谓以赌博为业,是指嗜赌成性,一贯赌博,以赌博所得为其生活来源,这就要看赌博的时间长短和持续性。所谓开设赌场,是指开设和经营赌场,提供赌博的场所及用具,供他人在其中进行赌博,本人从中营利的行为。聚众赌博或以赌博为业,只要满足其中一种就构成赌博罪了。无论是哪种情形,这些人都是以营利为目的,当然,以营利为目的不意味着一定能够营利,有些人想赢钱却最终输得精光。不以营利为目的的打牌等娱乐活动与赌博有着截然不同的性质。不以营利为目的,进行带有少量财物输赢的娱乐活动,以及提供棋牌室等娱乐场所只收取正常的场所和服务费用的经营行为等,不以赌博罪论处。

以营利为目的,在计算机网络上建立赌博网站,或者为赌博网站担任代理,接受投注的,属于"开设赌场"。在我国领域外周边地区聚众赌博、开设赌场,以吸引中华人民共和国公民为主要客源,构成赌博罪的,同样要承担法律责任。明知他人实施赌博犯罪活动,而为其提供资金、计算机网络、通讯、费用结算等直接帮助的,以赌博罪的共犯论处,应当以赌博罪论处。

案例 45:

陈某在村里承包了一个鱼塘,并在鱼塘边违规搭建了一间平房,装修精美,四面八方的赌棍赶过来赌博。陈某的平房里放了一张很大的桌子,方便更多的人下注。每个人入场要缴纳200元的入场费,而赌博的人一个晚上就可能输掉几万甚至几十万。陈某与各方面关系良好,派出所行动时会有人通风报信,它的安全性让大家十分乐意光顾,生意十分红火。

案例45中陈某在鱼塘边搭建了简易的赌场,吸引四面八方的赌棍前来赌博,又对每一个入场的赌棍收取入场费营利。在陈某赌场内的赌棍,下注大,输赢多。陈某开设和经营赌场,提供赌博的场所及用具,供他人在其中进行赌博,本人从中营利的行为,已经构成了赌博罪。

案例 46：

钱某伙同唐某,购置隐形眼镜即记号牌,并与许某密谋,将号码牌放在许某家中,多次在许某家组织牌局玩扎金花,共骗取冯某人民币12万元之多。他们以推牌九"开糊涂门"的方式,把大牌码在下面位置,相互串通把大牌发给自己人,把小牌发给冯某,达到控制输赢的目的。

案例46中,钱某、唐某、许某以"出老千"的方式控制输赢,使冯某输了很多钱。赌博活动中常有设置圈套弄虚作假的情况,带有欺骗性,但其本身是为了配合实施赌博行为。钱某、唐某、许某的行为虽然表面看起来有"骗"的表象,但实际上也是营利思想作祟。因此,钱某、唐某、许某以营利为目的聚众赌博或者以赌博为业,构成赌博罪,应依法予以处理。

案例 47：

王某、吴某在互联网上注册QQ游戏账号,并通过QQ签名,注明收售"扎啤"的广告及联系电话,向玩家承诺回收赌博赢取的"扎啤"。他们通过手机短信向玩家发送银行卡,并教部分玩家赌博的方法,组织了两百多人使用"扎啤"参与游戏,以"牛牛"等形式进行赌博,然后通过向玩家收售"扎啤"从中获利。陶某创建了QQ群,并雇佣他人为该QQ

群的客服,在明知道"扎啤"是用于赌博的情况下,仍为银商间交易提供担保和跨行间还钱服务,为赌博结算提供了极大的方便。

案例 47 是典型的网络赌博案件。老百姓比较熟悉的赌博方式是实地赌博。但随着社会的进步、互联网的兴起,网上赌博发展迅猛。网上赌博与传统的实地赌博并无实质上的差别, 唯一的差别是赌博的媒介不同。与人与人之间的直接赌博不同的是,网上赌博凭借的是网络这一媒介。王某、吴某等人以营利为目的 组织他人在网络上赌博获取非法利润,被告人陶某为他人赌博资金结算提供帮助,其行为均已触犯了《中华人民共和国刑法》第三百零三条规定的赌博罪,应当以赌博罪追究其刑事责任。

17.聚众斗殴罪如何量刑?

聚众斗殴罪,是指为了报复他人、争霸一方或者其他不正当目的,纠集众人成帮结伙地互相殴斗,破坏公共秩序的行为。聚众斗殴罪是多发性罪名之一,往往具有参与人数众多、关系错综复杂、社会影响恶劣等特点。部分老百姓遇事不冷静,认为"人多力量大",喜欢用多人暴力方式解决问题,却将矛盾激化,使局面难以控制。酒吧、网吧等娱乐场所是滋生犯罪的地方,年轻气盛的青少年、性格冲动的中年都容易做出违法乱纪的行为。聚众斗殴可能发生在公园、大街等公共场所,也可能发生在比较僻静的私人场所, 但是无论发生在什么地方的聚众斗殴都会严重影响到公共秩序。

根据《中华人民共和国刑法》第二百九十二条规定,犯聚众斗殴罪的,对首要分子和其他积极参加的,处三年以下有期徒刑、拘役或者管制;有下列情形之一的,对首要分子和其他积极参加的,处三年以上十年以下有期徒刑:(一)多次聚众斗殴的;(二)聚众斗殴人数多,规模大,社会影响恶劣的;(三)在公共场所或者交通要道聚众斗殴,造成社会秩序严重混乱的;(四)持械聚众斗殴的。另外,聚众斗殴致人重伤、死亡的,对直接行为人及直接责任人,依照刑法有关故意伤害罪、故意杀人罪的规定处罚。

聚众斗殴罪主要是指行为人纠集众人结伙斗殴。聚众斗殴可能出于矛盾、争霸或者其他不正当的目的,也可能只是一时冲动。聚众,是指参与斗殴的人数众多,至少有 3 个人。斗殴,主要是指通过暴力进行搏斗,当然方法千变万化。聚众斗殴案件中,少则几人、十几人,多则几十人、上百人,约好时间地点,各自携带刀具、棍棒等工具,大打出手,严重影响社会秩序,性质恶劣。这些人往往不肯认输,不顾后果,不惜将人打伤甚至打死。

并不是所有参加聚众斗殴的人都会构成聚众斗殴罪,只有聚众斗殴的首要分子和其他积极参与者,才会构成聚众斗殴罪。首要分子,是指在聚众斗殴案件中起到组织、策划、指挥等领导作用的犯罪分子。其他积极参与者,是指除了首要分子以外,在聚众斗殴案件中起到重要作用的或者致死他人受伤、死亡的犯罪分子。而对于一般的聚众斗殴人员,只按照《治安管理处罚条例》进行处罚,不以聚众斗殴罪论处。

案例 48:

严某和吴某是某高校大专班的学生,两人在上学期间与杨某、魏某产生了矛盾。四人都是年轻气盛的小伙子,大家谁也不服谁,矛盾越来越深。严某和吴某在食堂吃饭时遇到了杨某、魏某,几个人发生了口角,越吵越凶。于是,吴某等人将魏某叫到学校外面的一个胡同里,吴某打电话从校外叫来了自己的狐朋狗友叶某,叶某带了四根铁棍。魏某也打电话叫来了钱某等人,并让他们携带刀具。双方拿着各自携带的工具开始相互殴打，在猛烈的打斗中，吴某的左前额、左臂被打伤，叶某的一个手指头被砍掉。经公安机关鉴定，两人的伤均属轻伤。法院做出一审判决：判处吴某、严某等人犯聚众斗殴罪有期徒刑三年缓刑四年、有期徒刑三年、三年等不同的处罚。

案例48中几位学生因为一点琐事就用暴力解决问题。严某、吴某叫来叶某，杨某和魏某叫来钱某等人，在学校边的胡同里斗殴，他们人数众多，成帮结伙地进行打架斗殴，已经构成了聚众斗殴罪，均应受到法律的惩治。严某、吴某、魏某、杨其四位学生的矛盾本来都只是琐碎的小事，却相互不肯让步，一定要逞强获胜，将避让矛盾当作没有出息的行为。四人在学校相遇时，针锋相对，你一言我一语，甚至动手动脚，使相互的关系急剧恶化，矛盾加深，最终做出违法乱纪的事情。严某、吴某、魏某、杨某四位学生在冲动之下，就聚众斗殴，使自己承担刑事责任，实在是得不偿失。正所谓冲动是魔鬼，冲动之下做出的行为不计后果，缺乏理性，往往会造成不可收拾的局面。学生处于生理和心理发育的重要时期，如果不能正确疏导自己的情绪，必将会小事化大，让自己陷入违法乱纪的泥淖。

案例49：

卫某和乔某是典型的黄牛，收购、销售消费券、门票，帮助挂大医院的看病号。卫某和乔某两伙黄牛为了争夺某月饼店门口贩卖月饼票的生意，多次发生口角和冲突。卫某和乔某等人约定，两伙"黄牛"到该月饼票收购点进行谈判，双方暗中纠集多人准备了刀具、棍棒的等器械，准备大干一场。卫某以每人300元的"出场费"叫了很多名打手到约定地点，与对方有准备的黄牛团伙相遇，双方手持刀具、棍棒，大打出手，导致两伙黄牛都有多人受伤。涉案的11名犯罪分子都被判处相应的有期徒刑。

案例49中的卫某和乔某是为了抢占地盘而打架斗殴。黄牛们通过倒卖消费券、门票营利,扰乱了社会主义市场经济的正常秩序,对老百姓和服务机构的正当利益构成了威胁。黄牛们从事的活动违反市场管理条例和法律规定,其行为多存在一些不合理甚至违法的行为。为了获取更多的利益,黄牛们往往拉帮结派,团伙之间相互竞争、相互抵制,争霸地盘。卫某和乔某在某月饼店门口贩卖月饼的消费券,为了排挤对方,双方的矛盾日益严重,最终雇佣打手解决问题。黄牛们所从事的这些活动是一种违反管理条例的活动,他们不会和和气气地化解矛盾,来避免大麻烦,甚至采用一些极端的方式来解决问题。卫某和乔某不能通过良性沟通的方式解决问题,反而采用暴力方式,最终使自己面临牢狱之灾,而引发冲突的问题根源也没有得到解决。

案例 50:

　　彭某的狐朋狗友郭某与江某、肖某有过节。双方在电话里约好到城郊见面。郭某准备好一把西瓜刀、三根木棍,驾车搭载彭某、尹某、谢某、刘某前往城郊。肖某和江某携带两把砍刀在城郊等待,因久等不到,肖某、江某两人便开车离开城郊。途中,他们发现了郭某的车。肖某、江某下车手持砍刀向郭某的车冲过去,彭某手拿木棍,郭某、尹某也拿着西瓜刀、木棍等工具下车跟肖某、江某打斗。斗殴中,肖某、江某受伤,并逃离现场。经公安机关鉴定,肖某、江某的伤为轻伤甲级。

　　案例 50 中的郭某与江某、肖某因为有过节互相看不惯,争强好胜,纠集众人,持械斗殴,构成聚众斗殴罪,他们持械斗殴的情形将导致从重处罚。而彭某等人本来与江某、肖某两人并无过节,只是为了江湖仗义跟狐朋狗友一起聚众斗殴,酿成严重的后果。对朋友的援助之手仅限于合法合理的范围,一旦超出法律和道德的界限,援助的后果不堪设想。面对朋友对我们的一些违法要求,我们不能因为江湖义气而做出违法乱纪的事情,同时也要通过各种办法制止我们的朋友做出一些不理智的事情。

18.寻衅滋事罪如何量刑?

寻衅滋事罪,是指肆意挑衅,随意殴打、骚扰他人或任意损毁、占用公私财物,或者在公共场所起哄闹事,严重破坏社会秩序的行为。从寻衅滋事罪案件的犯罪特点看,涉案主体大多是社会无业人员、农村进城务工人员,这些人往往文化水平较低,收入不稳定,流动性较大,法律意识淡薄,管控无序,犯罪高发。寻衅滋事行为严重扰乱了社会秩序,并容易加剧冲突,引发其他犯罪,我国刑法对它进行了规定。

根据《中华人民共和国刑法》第二百九十三条规定,有下列寻衅滋事行为之一,破坏社会秩序的,处五年以下有期徒刑、拘役或者管制:(一)随意殴打他人,情节恶劣的;(二)追逐、拦截、辱骂、恐吓他人,情节恶劣的;(三)强拿硬要或者任意损毁、占用公私财物,情节严重的;(四)在公共场所起哄闹事,造成公共场所秩序严重混乱的。纠集他人多次实施寻衅滋事行为,严重破坏社会秩序的,处五年以上十年以下有期徒刑,可以并处罚金。行为人为寻求刺激、发泄情绪、逞强耍横等,无事生非,实施上述行为的,应当认定为"寻衅滋事"。行为人因日常生活中的偶发矛盾纠纷,借故生非,实施上述行为的,应当认定为"寻衅滋事",但矛盾系由被害人故意引发或者被害人对矛盾激化负有主要责任的除外。行为人因婚恋、家庭、邻里、债务等纠纷,实施殴打、辱骂、恐吓他人或者损毁、占用他人财物等行为的,一般不认定为"寻衅滋事",但经有关部门批评制止或者处理处罚后,继续实施前列行为,破坏社会秩序的除外。

寻衅滋事的方式多种多样,主要可分为四种。第一种是随意殴打他人,情节恶劣的。随意殴打他人,是指出于强势心理、恶趣味等不良动机,无理取闹,殴打相识或不相识的人。情节恶劣,是指随意殴打他人手段残忍,多次随意殴打他人,造成殴打人自杀等严重后果等。第二种是追逐、拦截、辱骂、恐吓他人,情节恶劣的。追逐、拦截、辱骂、恐吓他人,往往是出于乐趣、寻求刺激等不良动机,无理取闹,追逐、拦截、辱骂、恐吓他人,多表现为追逐、拦截、辱骂、恐吓他人妇女。这里的情节恶劣,主要是指经常性追逐、拦截、辱骂、恐吓他人,造成恶劣影响或老百姓的愤怒,造成其他后果等。追逐和拦截可能采用暴力行为来实施,也可能通过威胁方式实施。第三种是强拿硬要或者任意损毁、占用公私财物。强拿硬要或者任意损毁、占用公私财物,是指不讲道理,以流氓手段,强行索要市场、商店的商品以及他人的财物,或者随心所欲损坏、毁灭、占用公私财物。情节恶劣,是指强拿硬要或者任意损毁、占用的公私财物数量大的,造成恶劣影响的,多次强拿硬要或者任意毁损、占用公私财物的,造成公私财物受到严重损失等。第四种是在公共场所起哄闹事。在公共场所起哄闹事,是指出于取乐、寻求刺激等不良动机,在公共场所无理取闹,制造是非,扰乱公共秩序。情节恶劣,是指公共秩序遭到严重的破坏,导致群众惊恐、逃离等混乱局面等情形。

案例51:

曹某因为赌资与赵某发生了纠纷,打电话纠集多人解决问题。曹某寻找赵某多时仍然不见赵某的踪影,却看到赵某的朋友李某在旁边,就上前去打李某,导致李某左腰部、臀部等处被打伤。经公安机关鉴定,李某所受的伤为轻伤。曹某主动到公安机关自首,并赔偿李某经济损失9000元。最终,曹某判处有期徒刑1年。

案例51中曹某随意殴打他人,寻衅滋事。曹某因赌资纠纷踢翻桌子,与杨某发生口角,再组织多人到场,在找不到杨某的情况下随意殴打李某,导致李某轻伤,情节比较恶劣。曹某的行为属于有意滋事,已经构成了寻衅滋事罪。随意殴打他人中的"随意",是指仅凭自己的意志,遇人就打,藐视人与人之间的行为规范,缺乏道德和规则意识。曹某的真实意图是教训杨某,只是在找不到杨某的情况下恼羞成怒,找李某出气,根本不考虑"能不能打",只考虑自己"想不想打"。曹某与李某并无纠纷,本来也没有打算教训李某,只是因为李某恰好在旁边就大打出手,这种逻辑关系大大超出了一个正常人的思维,极具随意性,符合寻衅滋事罪中的"随意殴打他人"的情形,应当以寻衅滋事罪论处。

案例 52:

胡某是当地出了名的地痞流氓,常有一些敲诈勒索、偷鸡摸狗的行为。最近,胡某的妻子因不堪忍受胡某的虐待,跑到外地去了。找不到妻子的胡某非常生气,找村子里的人出气、取乐,痞气越来越重。这天,胡某坐在村口吸烟喝酒,看着来来往往的人群,顿时起了调戏的主意。他见到一名女性,就进行追逐、拦截、辱骂、恐吓,很多女性被吓得不轻,赶紧跑回家。刘某刚好路过,胡某本来就对她有点意思,无奈"落花有意流水无情",想起妻子的忘恩负义,胡某更是气上加气,决定好好调戏刘某。胡某追着刘某跑,一边跑,还一边编造他和刘某偷情的情节,说得就跟真的似的。直到有其他村民出来拦住胡某,刘某才借机跑回家。刘某本是个传统妇女,恪守妇道,听到胡某的胡言乱语和旁人的指指点点,觉得自己的清白完全被玷污了。刘某觉得很气愤,却又没有法子,拿起农药就要喝下去,想要用自杀证明清白,幸亏丈夫回来救了她。

案例 52 中的胡某追逐、拦截、辱骂、恐吓他人,寻衅滋事。胡某妻子离家,是他常年虐待有关,自作自受。胡某不仅不思悔改,反而将这股气撒在村里人的身上,追逐、拦截、辱骂、恐吓妇女,实在是不应该。胡某不仅追逐、拦截刘某等女性，还编造与刘某有不正当关系的事实，让恪守妇道的刘某蒙受委屈。刘某不堪忍受他人的指指点点和自己道德观的折磨，十分看重清白的她选择了自杀。尽管刘某的自杀行为多少与她心理素质和看问题的视角有关，但是刘某的自杀行为是由胡某的无理取闹、胡编乱造引起的，胡某要对刘某的自杀负主要的责任。可以说，胡某追逐、拦截、辱骂、恐吓他人，造成刘某自杀，情节恶劣，已经构成了寻衅滋事罪，应受到法律的严惩。

案例 53：

温某没有固定工作，整天游手好闲，喝醉了酒更是失去分寸。这天晚上，温某来到市中心的文化广场，当地的老百姓在那里跳跳舞、唱唱歌、乘乘凉。温某一到那里，就拿出事先准备好的水枪，朝着人群喷射。在兴头上的群众顿时停止了唱歌跳舞，十分惊恐地看着温某。没想到，温某越来越起劲，更加猛烈地喷射水枪。广场上的群众一窝蜂地逃离，惊恐中有些群众甚至摔倒受伤。望着大家惊慌失措的样子，温某十分开心。

案例 53 中的温某在公共场所起哄闹事，用水枪扫射在文化广场上唱歌跳舞、乘凉的人们，寻衅滋事。用水枪玩耍本来是温某个人的事情，别人无权干涉。但是温某缺乏必要的道德观念，竟用水枪朝着人群喷射，导致广场上的人衣服淋湿，终止晚上的活动。部分在文化广场活动的人员在躲避温某水枪扫射时，摔倒受伤。温某不仅不为自己的行为感到可耻，甚至还为自己造成的乱象感到开心。温某在文化广场中的胡作非为属于在公共场所起哄闹事，制造是非，使公共秩序遭到严重的破坏，导致群众惊恐、逃离等混乱局面，已经构成了寻衅滋事罪，应当受到法律的严惩。

19.走私、贩卖、运输、制造毒品罪如何量刑?

走私、贩卖、运输、制造毒品罪,是指明知是毒品而故意实施走私、贩卖、运输、制造的行为。走私、贩卖、运输、制造毒品,不管数量是多是少,都应当受到刑事处罚。走私、贩卖、运输、制造毒品的行为严重违反了我国对毒品的管理制度,并严重危害老百姓的生命健康。毒品是指鸦片、海洛因、甲基苯丙胺(冰毒)、吗啡、大麻、可卡因以及国务院规定管制的其他能够使人形成瘾癖的麻醉药品和精神药品。麻醉药品是指连续使用后易产生身体依赖性,能形成瘾癖的药品。包括阿片类、可卡因类、大麻类、合成麻醉药品类及卫生部指定的其他易成瘾癖的药品、药用原植物及其制剂,如鸦片、海洛因、吗啡、可卡因、杜冷丁等。精神药品是指直接作用于中枢神经系统,使之兴奋抑制,连续使用能产生依赖的药品。如甲基苯丙胺(去氧麻黄素)、安纳咖、安眠酮等。毒品能够使人上瘾,并产生依赖性,犯罪分子常利用毒品牟取非法收益。

根据《中华人民共和国刑法》第三百四十七条规定,走私、贩卖、运输、制造毒品,有下列情形之一的,处十五年有期徒刑、无期徒刑或者死刑,并处没收财产:(一)走私、贩卖、运输、制造鸦片一千克以上、海洛因或者甲基苯丙胺五十克以上或者其他毒品数量大的;(二)走私、贩卖、运输、制造毒品集团的首要分子;(三)武装掩护走私、贩卖、运输、制造毒品的;(四)以暴力抗拒检查、拘留、逮捕,情节严重的;(五)参与有组织的国际贩毒活动的。走私、贩卖、运输、制造鸦片二百克以上不满一千克、海洛因或者甲基苯丙胺十克以上不满五十克或者其他毒品数量较大的,处七年以上有期徒刑,并处罚金。走私、贩卖、运输、制造鸦片不满二百克、海洛因或者甲基苯丙胺不满十克或者其他少量毒品的,处三年以下有期徒刑、拘役或者管制,并处罚金;情节严重的,处三年以上七年以下有期徒刑,并处罚金。单位违反上述规定的,对单位判处罚金,并对其直接负责的主管人员和其他直接责任人员,按照规定处罚。利用、教唆未成年人走私、贩卖、运输、制造毒品,或者向未成年人出售毒品的,从重处罚。对多次走私、贩卖、运输、制造毒品,未经处理的,毒品数量累计计算。

走私、贩卖、运输、制造毒品罪的行为方式包括走私、贩卖、运输、制造,只要符合其一就构成本罪。其中,走私毒品,是指非法运输、携带、邮寄毒品进出国(边)境的行为。贩卖毒品,是指有偿出售毒品或者以出售为目的而非法收购毒品。运输毒品,是指采用携带、邮寄、利用他人或者使用交通工具等方法在我国领域内将毒品从某地运到另一地。制造毒品,是指将原材料制造成为原作材料以外的毒品。

案例 54:

季某是一名普通的工人,在后院里种了一片罂粟,从屋子通到后院的道路比较狭窄,一般只有家里人才会往里面走。为了防止他人发现罂粟,季某还把开白花的罂粟种在其他白色花中,乍一看就很容易忽略到白色的罂粟花。季某将未成熟的罂粟果用刀割裂后渗出的白色浆液,在空气中晾干而得到的黑色膏状物,具有止痛提神的作用,也容易使人产生依赖心理并上瘾。季某通过连续种植罂粟、连续提取黑色膏状物,季某提取毒品的行为一般在夜晚进行,以免被同村的群众看到。每年,季某从罂粟花中提取的毒品多达 3 公斤,数量十分可观。

案例 54 中的季某采用障眼法在不起眼的后院中种植罂粟,并用其他白色的花加以遮盖。季某通过连续种植一年制造的毒品多达 3 公斤,已经远远超过了法律规定的数额,构成走私、贩卖、运输、制造毒品罪,应当受到法律的严惩。目前,我国农村地区种植罂粟、制造毒品的案件有所抬头,一些比较偏远的地区情况更为突出。这些地方的老百姓基本上掌握种植罂粟的技巧和注意事项,能够花较小的成本种植大面积的罂粟、产生较大的收益。另外,种植罂粟的人主要以中老年人为主。打击毒品是我国一贯的政策,如果任由种植罂粟的行为发展,就会导致毒品拥有的普遍化和毒品交易的便利化,使老百姓逐渐被毒品控制而失去抵抗能力,后果十分严重。

案例 55:

洪某乘坐大巴从辽宁来到北京,在北京的一个小花园内购买了每克 500 元的毒品海洛因 30 余克。第二天,洪某带着毒品乘坐北京到辽宁的大巴,于当天下午 3 点到达目的地。在回家的城乡公交车上,警察将洪某抓获,当场从他的衣袋里搜出了一包块状粉末。经鉴定,这包块状粉末重 90.04 克,检验出它的海洛因成分为 69%。洪某辩称,自己购买毒品主要是为了自己吸食,并不打算销售。

案例 55 中的洪某明知道是毒品却仍然购买,并将购买的毒品带回家,在主观上具有运输毒品的故意,客观上也确实通过大巴实施了运输毒品的行为,已经构成了运输毒品的成立要件。无论洪某购买的毒品最终是否供他自己吸食,运输毒品的认定不受影响,仍然构成走私、贩卖、运输、制造毒品罪。洪某为了牟取不正当的利益,以身试法,积极运输毒品,不仅没有赚到钱,反而让自己面临牢狱之灾。

案例 56:

徐某约屠某一起从四川开车到云南。随后,徐某与商家联系购买麻古。过了两天,徐某和屠某花了 10 万元,从云南购买了 4 包麻古共 2190 克毒品并运回了四川。第二天,下家朱某到徐某和屠某入住的宾馆内以 34.5 万元购买了 2 包麻古。接到报警的公安人员将快要离开的朱某抓获,并在宾馆里抓获了徐某和屠某。

案例 56 中的徐某和屠某贩卖、运输 2190 克毒品,符合贩卖、运输毒品的构成要件,触犯了走私、贩卖、运输、制造毒品罪。同时,徐某约屠某到云南去购买毒品,负责联系上下家,在共同犯罪中起到的作用比屠某要大。在定罪量刑时,应综合考虑本案的情节和徐某、屠某在案件中所起的作用。徐某和屠某购买的毒品数量有 2190 克,这个数目放在一般的食品上不算大,但是一丁点的毒品就可能导致多人产生依赖心理上瘾,其价值也十分高昂。因此,我国法律对构成走私、贩卖、运输、制造毒品罪中毒品的数量规定的十分详细,充分考虑了各种毒品的特性和危害。

20.非法持有毒品罪如何量刑?

非法持有毒品罪,是指明知是鸦片、海洛因、甲基苯丙胺或者其他毒品,而非法持有且数量较大的行为。只有合法生产、管理、运输、使用精神药品或麻醉药品的单位才有权利控制毒品,其他单位或者个人掌握、控制毒品都属于非法行为。为了维护我国的毒品管理制度,保障老百姓的身体健康和人格健全,除了要对走私、贩卖、运输、制造毒品的行为加以规制,也要规范非法持有毒品的行为。法律上严格、全面的规定能对吸食毒品的行为进行震慑,减少犯罪分子的侥幸心理。

《中华人民共和国刑法》第三百四十八条规定:非法持有鸦片一千克以上、海洛因或者甲基苯丙胺五十克以上或者其他毒品数量大的,处七年以上有期徒刑或者无期徒刑,并处罚金;非法持有鸦片二百克以上不满一千克、海洛因或者甲基苯丙胺十克以上不满五十克或者其他毒品数量较大的,处三年以下有期徒刑、拘役或者管制,并处罚金;情节严重的,处三年以上七年以下有期徒刑,并处罚金。

持有毒品,是指行为人对毒品享有事实上的支配权,表现为占有、携带、藏有或者以其他方式持有毒品。持有并不要求随身携带毒品,只要行为人认识到毒品的存在并可对其进行支配,就是构成持有。持有并不要求行为人是毒品的所有人,如果对归别人所有的毒品享有支配权,行为人也构成了持有毒品。持有是一种持续行为,从开始到结束都由行为人对毒品进行支配,而时间的长短不影响持有的成立,只能作为量刑的重要考虑因素。

行为人实施了走私、贩卖、运输、制造、窝藏毒品的行为都是以非法持有为基础的,只有非法持有毒品后才能走私、贩卖、运输、制造、窝藏毒品。如果有证据证明行为人的行为已经构成了走私、贩卖、运输、制造毒品罪或窝藏毒品罪的,就以走私、贩卖、运输、制造毒品罪或窝藏毒品罪论处,不再定非法持有毒品罪。但是,当犯罪分子拒不承认走私、贩卖、运输、制造、窝藏毒品且无证据证明犯罪分子走私、贩卖、运输、制造、窝藏毒品时,才能认定为非法持有毒品罪。另外,需要注意的是,非法持有毒品罪需要达到法定的数量标准,否则不构成非法持有毒品罪。而构成走私、贩卖、运输、制造毒品罪或窝藏毒品罪的,只要有相应的行为就可以,并没有数量的限制。

案例 57:

罗某在城乡接合处拦住一辆宝马车,车主是一名年轻姑娘。罗某拿刀架着姑娘的脖子,让她把包交出来。此时夜深人静,周围几乎没有人路过。为了保命,姑娘乖乖地把包交了出来。罗某抢劫得逞后,就驾驶着摩托车回到出租房。当罗某打开姑娘的包时,发现里面有1万多元钱、1部 iphone5 和几件首饰。当罗某仔细检查包时,竟掏出一包白色粉末,见过世面的罗某通过气味和手感确定这是一包毒品,价值十几万。罗某对自己今天的收获非常满意,他不但没有销毁这包白粉,反而将它藏在床头柜里,以防被别人发现。

案例 57 中罗某实施抢劫,意外收获一包白粉,不但没有报警或者销毁它,反而占为己有,企图营利。罗某在城乡接合处实施抢劫的真实目的无非是捞点零花钱用用,当时的确没有想到年轻姑娘的包里竟然藏有一包白粉。罗某对姑娘的行为构成抢劫罪,这点并无疑问。而罗某在发现毒品后占为己有,不属于走私、贩卖、运输、制造毒品,不能定走私、贩卖、运输、制造罪,但是罗某的行为已经构成了非法持有毒品罪。抢劫、抢夺、盗窃的财物中包含毒品是比较复杂的情形。如果犯罪分子根本不知道这是毒品,以为就是普通物品,暂时放在家里,那么他的行为并不符合非法持有毒品罪所需的主观故意,不构成非法持有毒品罪。而像本案中的罗某已经凭借自己的经验判断出这包粉末是毒品而将其放置在家里,就满足了非法持有毒品罪的构成要件。

案例 58:

应某的父亲是名成功的商人,家产万贯。平日里,父母忙于做生意,与应某的共处时间比较少,但给应某的零花钱却很充裕。手头宽裕的应某常和朋友出入声色场所,在朋友的哄骗下染上毒品,一发不可收拾。应某用父母给的零花钱多次购买毒品,为了防止毒瘾发作,应某一般都会在家里和随身携带的包里放一定数量的毒品。

案例 58 中的应某属于典型的吸毒者,却从未进行走私、贩卖、运输、制造、窝藏毒品的行为,不构成走私、贩卖、运输、制造毒品罪或窝藏毒品罪。但是,应某多次购买毒品并在家里和随身携带的包里放一定数量的毒品,已经满足了非法持有毒品的构成要件,触犯了刑法规定的非法持有毒品罪。

案例 59:

汪某是个标准的瘾君子,染上毒品已经有了 3 个年头了。一天晚上，汪某到朋友家里吃饭，竟将毒品落在了朋友的家里，浑然不觉。等汪某走后，朋友发现屋子里有一包毒品，就报警了。

案例59中的汪某是个瘾君子，却没有进行走私、贩卖、运输、制造、窝藏毒品的行为，不构成走私、贩卖、运输、制造毒品罪或窝藏毒品罪。但是，汪某随身携带毒品，去朋友家吃饭的时候还将毒品落在了朋友家里。直到朋友报警，公安机关查获毒品后，汪某才知道将毒品落在朋友家了。虽然汪某携带的毒品不在身边，但是他仍然没有脱离对毒品的支配，如果他返回朋友的家里或者朋友将毒品还给他，那么他就再一次直接占有毒品。朋友报警，并不会影响到汪某对毒品的非法持有。因此，汪某的行为已经满足了非法持有毒品罪的构成要件，应被追究相应的刑事责任。

21.生产、销售伪劣产品罪如何量刑？

生产、销售伪劣产品罪，是指生产者、销售者在产品中掺杂、掺假，以假充真，以次充好或者以不合格产品冒充合格产品，销售金额达5万元以上的行为。随着市场经济的发展，部分商家过分注重经济利益，导致假冒伪劣食品药品安全事件时有发生、屡禁不止，染色馒头、地沟油、三聚氰胺、毒胶囊等事件一次次挑战老百姓的承受能力。生产、销售伪劣产品严重违背了我国对普通产品质量的管理制度，也会对老百姓的财产权利和人身权利造成了极大的威胁。为了防止伪劣产品的泛滥，我国刑法规定了生产、销售伪劣产品罪。

《中华人民共和国刑法》第一百四十条规定：犯生产、销售伪劣产品罪，销售金额5万元以上不满20万元的，处2年以下有期徒刑或者拘役,并处或者单处销售金额50%以上2倍以下罚金;销售金额20万元以上不满50万元的,处2年以上7年以下有期徒刑,并处销售金额50%以上2倍以下罚金;销售金额50万元以上不满200万元的,处7年以上有期徒刑,并处销售金额50%以上2倍以下罚金;销售金额200万元以上的,处15年有期徒刑或者无期徒刑,并处销售金额50%以上2倍以下罚金或者没收财产。单位从事以上行为的,对单位判处罚金,并对其直接负责的主管人员和其他直接责任人员,依照生产、销售伪劣产品罪处罚。知道或者应当知道他人实施生产、销售伪劣商品犯罪,而为其提供贷款、资金、账号、发票、证明、许可证件,或者提供生产、经营场所或者运输、仓储、保管、邮寄等便利条件,或者提供制假生产技术的,以生产、销售伪劣商品犯罪的共犯论处。

生产、销售伪劣产品罪的方式有4种情形。第一种是掺杂、掺假。行为人在产品中掺入杂质或者异物,致使产品质量不符合国家法律、法规或者产品明示质量标准规定的质量要求,降低、失去应有使用性能的行为。第二种是以假充真。行为人以不具有某种使用性能的产品冒充具有该种使用性能的产品,甚至伪造或冒用产品质量认证书及认证标志。第三种是以次充好。行为人以低等级、低档次产品冒充高等级、高档次产品,或者以残次、废旧零配件组合、拼装后冒充正品或者新产品的行为。第四种是以不合格产品冒充合格产品。行为人以不符合产品质量标准的产品冒充为符合产品质量标准的产品的行为。上述四种行为只要符合一种,行为人就构成了生产、销售伪劣产品罪。当然,生产、销售伪劣产品罪必须要求金额达到5万元,否则不构成此罪。

案例60:

柯某、谭某、江某在城郊某闲置厂房私自设立了一间烟草地下加工厂,他们通过买进一些发黑、发霉变质的劣质烟梗当作生产加工烟梗丝的原料,并将这些劣质烟梗、烟叶进行膨化、烘干、切丝等工序加工后,生产烟梗丝,卖给外地的制假人员用来制造假冒卷烟。截至公安机关查获时,这间烟草地下加工厂已经生产、销售烟梗丝非法得利100多万元。最终,柯某、谭某、江某被判处有期徒刑11年,并处罚金70万元。

案例60中的柯某、谭某、江某开设烟草地下加工厂,生产质量低劣的烟梗丝。吸烟有害身体健康,这是不争的事实,而劣质的烟梗丝和香烟对人体的危害更是不言而喻。香烟的制造应该符合一定的程序和要求,柯某、谭某、江某生产的烟梗丝采用的原材料是发黑、发霉变质的劣质烟梗,以不符合产品质量标准的产品冒充为符合产品质量标准的产品。柯某、谭某、江某将会对该烟消费者的身体健康构成极大的威胁,已经严重违反了《中华人民共和国刑法》第一百四十条的规定,构成生产、销售伪劣产品罪。

案例61:

黄某、李某见中国的保健品市场十分红火,也想分得一杯羹。黄某和李某委托他人生产假冒伪劣保健品,从外地买进大量的假冒保健品和避孕套,在保健品市场上销售。在公安局民警的积极配合下,食品药品监督管理局的工作人员在黄某和李某的租房处也查获了大量假冒的、未销售的保健品和药品,共计48个品种,货物价值达到35.85万元。

案例61中的黄某、李某看到火暴的保健品市场十分眼红,铤而走险,买进一些假冒的保健品和避孕药并加以销售,从中牟取非法收益。保健品之所以愈来愈红火,是因为老百姓越来越注重身体健康,希望通过口服的方式增强自己的免疫能力。但是一些犯罪分子却往往利用老百姓的这种心理,为了获取利益的最大化而忽视了应有的社会道德。黄某、李某购买的保健品、避孕药等产品可能是次品,也可能是不合格产品,无论是哪种情况,都不具有保健品应有的功能,反而会对老百姓的健康构成极大的威胁。因此,黄某、李某的行为已经触犯了生产、销售伪劣产品罪,应当受到法律的严惩。

案例 62：

蒋某、傅某、郭某、陶某等人共同出资办了一个地下食品厂,主要生产馒头、面条等主食,生产出来的食品经过真空包装销往农贸市场和超市,生意十分红火。这个地下食品厂生产出来的馒头色泽好、个大,卖相十分得好,非常能吸引顾客的注意。但实际上,蒋某、傅某、郭某、陶某却在馒头中添加了对人体有害的色素及其他添加物,使得馒头、面食看起来更诱人,实际上却具有极大的毒性。

案例 62 中蒋某、傅某、郭某、陶某在生产的馒头中添加了色素及其他添加物,卖相极好的馒头实际上隐藏了很多触目惊心的故事。民以食为天,这是亘古不变的真理。老百姓如果吃不饱、吃不放心,社会就不可能不动荡。然而,当今的中国老百姓,却从食品中了解了很多前所未闻的化学知识,包括三聚氰胺、苏丹红、染色剂……这些只存在化学课本中的名词却活生生地出现在了我们的食品中,中国的老百姓通过一起又一起骇人听闻的食品安全事故记住了这些原本离生活很远的化学名词。如果老百姓对自己餐桌上的食品都不能放心,那他们又要凭借什么去相信这个社会会更美好。蒋某、傅某、郭某、陶某这样的商人在利益的熏染下,忘却了商人身上的社会责任,将自己的获利建立在他人的生命健康威胁之上。蒋某、傅某、郭某、陶某在馒头中添加的色素和其他有害物质,属于在食品中掺杂、掺假,已经严重触犯了《中华人民共和国刑法》第一百四十条的规定,构成生产、销售伪劣产品罪,应当受到法律的严厉处罚。

22.拐卖妇女、儿童罪如何量刑?

　　拐卖妇女儿童罪是指以出卖或收养为目的,拐骗、绑架、收买、贩卖、接送、中转妇女、儿童的行为。拐卖妇女儿童罪是一种世界性犯罪,目前在中国有愈演愈烈的趋势,尤其是在偏远落后地区(如云南贵州)和人口流动频繁地区(如东莞深圳),这一犯罪十分猖獗。拐卖妇女儿童罪的犯罪对象是妇女、儿童,严重侵犯了妇女、儿童的人身自由权和人格尊严。实施拐卖妇女、儿童罪的犯罪分子把妇女、儿童看成是一种可交易的商品,不尊重他们的人格权利,甚至对不服从指挥的妇女、儿童进行非法拘禁、殴打。拐卖妇女儿童罪扰乱了被拐卖人员的生活,破坏社会公序良俗,法律严格禁止这类行为。

　　根据《中华人民共和国刑法》第二百四十条规定:犯拐卖妇女儿童罪的,处五年以上十年以下有期徒刑,并处罚金;有下列情形之一的,处十年以上有期徒刑或者无期徒刑,并处罚金或者没收财产;情节特别严重的,处死刑,并处没收财产:(一)拐卖妇女、儿童集团的首要分子;(二)拐卖妇女、儿童三人以上的;(三)奸淫被拐卖的妇女的;(四)诱骗、强迫被拐卖的妇女卖淫或者将被拐卖的妇女卖给他人迫使其卖淫的;(五)以出卖为目的,使用暴力、胁迫或者麻醉方法绑架妇女、儿童的;(六)以出卖为目的,偷盗婴幼儿的;(七)造成被拐卖的妇女、儿童或者其亲属重伤、死亡或者其他严重后果的;(八)将妇女、儿童卖往境外的。

　　拐卖妇女儿童罪的方式包括拐骗、绑架、收买、贩卖、接送、中转妇女、儿童,或者偷盗婴幼儿的行为。拐骗,是指以欺骗、利诱等非暴力的方式将妇女、儿童拐走,并将其出卖的行为。拐骗的方式多种多样,有的在公共场所里物色妇女，用谎言骗取其信任，达到自己的犯罪目的；有的假装帮助介绍对象、安排工作，诱骗妇女随自己出门；有的以照看儿童为幌子将其拐走；有的给儿童零食或让他帮忙指路，将儿童拐走。绑架，是指以暴力、威胁或者其他方法挟持并控制妇女、儿童的行为。收买，是指用金钱或者其他财物购买妇女、儿童的行为。贩卖，是指将妇女、儿童当作商品卖给他人并获得非法利益的行为。接送，是指在行为人拐卖妇女、儿童的过程中帮助其接收、运送的行为。中转，是指为拐卖妇女、儿童的行为提供中途场所或机会。偷盗婴儿，是指盗取不满6周岁儿童的行为。行为人只需实施拐骗、绑架、收买、贩卖、接送、中转妇女、儿童中的一种行为，就构成了拐卖妇女儿童罪。

拐卖妇女儿童3人以上是这一罪名的加重情节。既可以是一次性拐卖3人以上妇女、儿童，也可以是多次拐卖妇女、儿童3人以上。既可以采用拐骗等6种行为中的一种而对象在3人以上，也可以是两种以上行为而对象总计在3人以上，如拐骗1人，中转2人。将偷盗婴儿作为加重处罚情节，是因为婴儿的认知能力不如成人，致使被拐骗的婴儿很难找到亲生父母，后果比较严重。

案例63：

兰某是个木匠，来自贵州，想到东部地区赚钱。今年，他从贵州到江苏打工，了解到江苏当地一些大龄男青年找不到妻子很苦恼，甚至愿意花点钱买一个媳妇。兰某觉得这是个机会，并回到贵州，向贵州当地的姑娘吹嘘江苏是"人间天堂"，经济十分发达，那里到处都是赚钱的机会。兰某还特地跑去买了套优质的西服，装模作样，还真有几分老板的样子。姑娘们被兰某吹得晕了头，都十分想到江苏去淘金。等十几位姑娘跟着兰某到了江苏后，兰某就把她们一个个安排到一些男青年家中，并向那些男青年要了较高的介绍费。有些姑娘看着情况不对，想要回贵州，兰某就让那些人将她们绑起来，并上门威胁，要是敢乱来就让她们的父母吃点苦头。其中一位姑娘假装顺从，等男青年放松警惕时，借着买盐的机会逃出去报警，才将大家解救出来。

案例63中兰某以介绍工作的名义拐骗贵州的年轻姑娘，并把他们卖给江苏的大龄男青年，已经构成了拐骗妇女儿童罪。兰某本来是个正经的木匠，来江苏打工，却起了拐卖妇女的歹念。他用高档的衣服武装自己，装出一副老板相，让贵州的年轻姑娘相信兰某确实在江苏淘金成功，同时也激起了这些年轻姑娘去外面看看的念头。当他把年轻姑娘骗到江苏后，就立即将她们卖给了当地的单身汉们，获取了不正当的利益。兰某拐骗并贩卖妇女，人数在3人以上，应按拐骗妇女儿童罪从重处理。

案例 64：

蒋某常在不同的村子里晃荡，见到独自玩耍的小朋友就上前去搭讪。蒋某佯装自己不认识路，让小朋友带自己去某个地方。单纯的小朋友们压根就没有意识到危险正在靠近，十分热情地给蒋某带路。实际上蒋某所说的地方正是他停面包车的地方。到了车边后，蒋某就会把小朋友强行塞入车中，并迅速关上车门，加速行驶。到了目的地，他的兄弟们就会上来帮忙制服小朋友。小朋友容易上当，蒋某屡屡得手。

案例64中的蒋某利用小朋友的单纯，以带路为借口将小朋友拐骗到他的面包车边，并乘机将他塞进车里拉到目的地。蒋某的行为应当受到道德的谴责，他将小朋友当作商品进行买卖，甚至利用小朋友的善心作案，实在是太可恨。同时，蒋某拐骗儿童的行为已经满足了拐骗妇女儿童罪的构成要件，应当受到法律的制裁。我国传统文化一直宣扬助人为乐，这种理念也是学校道德教育中的重要内容。然而，随着社会关系的日益复杂，很多人坑蒙拐骗，将犯罪对象瞄准了最为单纯的孩子，父母们不得不教育孩子不要和陌生人说话，不要帮助陌生人。如此冷漠的教育内容让我们寒心，但这又是家长们保护孩子不得已的方式。犯罪分子们侵犯的对象是有限，但是伤害孩子的做法却在整个社会引起了强烈的反响，导致人与人之间信任关系的破裂，导致孩子在警惕一切的世界中成长。

案例 65：

谢某办了一个"幼儿园"，学生的数量时刻变动。原来，谢某是帮亲戚王某窝藏拐骗来的儿童。王某是个地地道道的人贩子，常年在火车站、汽车站等人口集中区域活动，物色好对象就下手，通过给小孩子零食的方式套近乎，最终将他们拐走。为安全起见，王某将拐来的小孩子集中安放在谢某家里，谢某的工作主要是看管这些孩子，避免他们逃走、惹麻烦。当王某联系好买家后，他就会按照买家的要求到谢某家里来挑选孩子。王某通过拐卖小孩获得了不菲的收益，也给谢某开出了可观的薪水。

案例 65 中的王某在公共场所通过零食等诱惑拐骗认知能力较差的小孩，并将他们集中安置在亲戚谢某家里。王某拐骗并贩卖儿童的行为，已经构成拐骗妇女儿童罪，应受到法律的惩处。另外，谢某虽然没有直接参与拐骗、贩卖儿童的活动，但帮助王某接送、中转拐骗来的儿童。接送、中转是拐骗妇女儿童罪的重要行为方式，谢某在为王某犯罪提供便利的同时，已经满足了拐骗妇女儿童罪的构成要件，同样要以拐骗妇女儿童罪论处。

23.传授犯罪方法罪如何量刑?

传授犯罪方法罪指用语言、文字、动作、图像或者其他方法，把犯罪方法故意传授给他人的行为。此处的犯罪方法，是指犯罪的经验和技巧,包括方法、步骤、注意事项等。传授犯罪方法罪是一个独立的罪名,有独立的法定刑。传授犯罪方法罪的客体,是社会管理秩序。传授犯罪方法罪行为人在主观上故意把犯罪方法传授给他人,至于被传授人是否接受,是否按照所传授的方法实施了犯罪,则无关紧要。传授犯罪方法是一个较为多发的犯罪,许多违法犯罪中存在着传授犯罪方法的现象。在非法传销中,上线积极向下线传授犯罪方法,让他们迅速掌握发展人员的方法。传授犯罪方法罪将引发更多的人参与犯罪,很有可能使被传授者堕落,增加社会的不稳定因素。

《中华人民共和国刑法》第二百九十五条规定:传授犯罪方法的,处五年以下有期徒刑、拘役或者管制;情节严重的,处五年以上有期徒刑;情节特别严重的,处无期徒刑或者死刑。

行为人传授犯罪方法的形式多种多用,既有口头传授也有书面传授,既有公开传授也有秘密传授,既有直接当面传授也有间接转达传授,既有通过语言、文字传授也有通过实际行动传授。不管采用什么方法传授犯罪方法,只要符合传授犯罪方法罪的构成要件,都要以传授犯罪方法罪论处。

传授犯罪方法罪的犯罪分子,为使对方接受自己传授的犯罪方法而故意向他传授。而生活中有些人说话不注意甚至夸大其词,随随便便就散播不靠谱的犯罪方法,或者在工作中传授与犯罪有关的部分知识,如修配钥匙、化学知识等。这些人的共同特点是他们并没有向他人传授犯罪方法的故意,只是被别有用心的人利用了,不以传授犯罪方法罪论处。行为人传授犯罪方法的目的多种多样,可能是出于报复,可能是为了树立权威,可能是为了获得不正当的利益等。不管行为人是出于什么目的传授犯罪方法,只要他具有传授犯罪方法的故意并加以实施,就已经构成了传授犯罪方法罪。

案例 66：

庄某是村里出了名的混混，一般人都会躲着他，怕他找自己的麻烦。庄某盗窃十分在行，时常得手，偶尔也会露马脚甚至被抓，他将拘留、坐牢看成小菜一碟，甚至戏称为"放假"。在某些人眼里，庄某是个"大英雄"，能够屡屡得逞。与庄某同村的丁某游手好闲，以赌博为生，在村子里名声很差。近来，丁某屡赌屡输，手头十分紧张，急于求财。丁某偶遇庄某，说起了自己的近况，甚至提到想用一些非法手段获取钱财但没有可靠的方法。庄某听了丁某的描述，觉得十分有趣，想要拉丁某下水。庄某拿出自己总结的宝典，向丁某一一讲解盗窃中的要注意的方法和躲避侦查的手段，并结合丁某的预想帮助其制定了一整套作案的路径，丁某觉得十分受用。随后，丁某就真的按照庄某传授的犯罪方法，到村子里去盗窃。

案例 66 中的庄某将自己总结的盗窃宝典，毫无保留地教给了丁某，帮助丁某成为一名的盗窃犯。丁某因为手头紧张，想到用一些非法手段获取钱财，他作案的想法不是由庄某灌输的，而是丁某自己产生的。但是丁某作为一名盗窃新手，对于如何作案、如何逃避警方侦查并没有经验。如果丁某没有得到庄某的真传，或许丁某根本不敢作案，更不用说作案成功了。当然，庄某明知道丁某产生了盗窃的念头并对盗窃做了一定的研究，不仅没有阻止丁某，甚至故意教丁某自己的作案经验，为丁某打气。庄某的这种行为属于故意向丁某传授犯罪方法，扰乱社会秩序，应受到法律的惩治。

案例 67：

巩某因抢劫罪被判十年有期徒刑，他是个极其凶残的人，遇事绝不退让，哪怕有生命危险。即使到了监狱里，巩某还是保持了这种犟脾气，却也因此在监狱里收服了其他狱友，被狱友们尊称为"大哥"。每天晚上,巩某都会召集周围的狱友展开"业务交流",他将自己总结的、听来的、编造的作案经验与其他狱友交流,并希望狱友们提升自身的业务水平。

案例67中巩某的做法听上去与正规企业的领导并无实质性区别,通过业务交流提升员工的业务水平。但可笑的是,巩某所说的业务水平实际上只是作案经验,其内容本身是不合法的。巩某凭借凶狠的手段在狱友中赢得了权威,坐上了"大哥"的宝座。巩某与其他狱友交流犯罪方法的目的在于提高狱友的作案能力,并不是随便说说。虽然他并不构成教唆,并没有向狱友们指明具体的作案对象和作案地点,但是他的做法相当于在向狱友们传授犯罪方法,已经构成了传授犯罪方法罪的构成要件,将受到法律的严厉惩罚。

案例68:

靳某已经是"二进宫"了,最近才从监狱中出来。靳某从小机智过人,学东西特别快,歪门邪道的东西学习也比常人要快。初中阶段,靳某由于父母在外打工,缺少父母的管教,因此逐渐走上了堕落的道路。这天,靳某搓完麻将已经是凌晨一点钟了,回家的途中他看到一个人鬼鬼祟祟地在爬李某家的院墙上,正准备跳下去时,靳某叫住了他,小偷还吓了一跳。实际上,靳某是想告诉小偷,他的鞋子上粘的泥巴很多,很容易留下线索,应该把鞋子脱掉,并把院墙上的脚印去掉或者掩盖掉。另外,靳某根据李某家的具体情况给小偷支了几招特别管用的妙招。说完,靳某就走了,留下莫名其妙的小偷愣在那里。直到靳某走远,小偷才意识到靳某并不会给他带来危险,他才继续开始盗窃活动。当然,有了靳某十分"专业"的指点,小偷的这次盗窃行动特别顺利,也没有遇到什么危险。

案例68中的靳某偶遇正在行窃的小偷,不但没有阻止他,反而还给他支了几招,给小偷的盗窃行动带来了很多便利。靳某给小偷支招并没有给他带来实际的好处，顶多属于"纵容犯罪"，多少有点"幸灾乐祸"、"多管闲事"的味道。靳某给小偷支招，却给公安部门破案带来了挑战，对当事人的财产安全构成了危险。靳某传授犯罪方法的行为，虽然没有直接参与小偷的犯罪活动，却鼓励了小偷的犯罪行为并提高了小偷反侦察的能力。靳某的这种行为已经构成了传授犯罪方法罪，应当受到法律的处理。

24.非法经营罪如何量刑?

非法经营罪，是指未经许可经营专营、专卖物品或其他限制买卖的物品，买卖进出口许可证、进出口原产地证明以及其他法律、行政法规规定的经营许可证或者批准文件，以及从事其他非法经营活动，扰乱市场秩序，情节严重的行为。而我国法律未禁止或限制的经营活动，不构成非法经营罪。

根据《中华人民共和国刑法》第二百二十五条，违反国家规定，有下列非法经营行为之一，扰乱市场秩序，情节严重的，情节特别严重的，处五年以上，并处违法所得一倍以上五倍以下罚金或者没收财产:(一)未经许可经营法律、行政法规规定的专营、专场物品或者其他限制买卖的物品的;(二)买卖进出口许可证、进出口原产地证明以及其他法律、行政法规规定的经营许可证或者批准文件的;(三)未经国家有关主管部门批准，非法经营证券、期货或者保险业务的;(四)其他严重扰乱市秩序的非法经营行为。在国家规定的交易场所以外非法买卖外汇，扰乱市场秩序，情节严重的，也会构成非法经营罪。单位犯罪的，对单位判处罚金，并对其直接负责的主管人员和其他直接责任人员，依照非法经营罪的规定处罚。

刑法第二百二十五条第四项"其他严重扰乱市场秩序的非法经营行为"的规定,是极富弹性的内容,给司法机关预留了很大的空间,也可以说它是经济活动的"口袋条款"。有些行为无处定罪时,也许可以适用非法经营罪。目前,我国刑法对罪名的规定比较具体,又很难罗列完所有的情形。特别是在经济活动日益复杂的情况下,如果没有这种"口袋条款",我国刑法对花样翻新的经济犯罪将无能为力。当然,这也绝不意味着可以对非法经营罪进行宽松解释,这样一来,势必会造成法律的滥用,反而不利于维护市场经济的秩序。

非法经营罪要求行为人具有主观故意,如果行为不是故意为之,只是不懂法律法规而买卖许可证的,不以本罪论处。首先,非法经营行为必须是一种经营行为,即一切以营利为目的的活动,包括工业、商业、服务业、交通运输业等。如果某项活动不是为了营利,而是为了公益慈善,那么即使这种行为不符合法规,也不构成非法经营罪。其次,这种行为必须是非法的。合法的经营行为是行为人的自由,不会构成非法经营罪。

关于非法经营罪的方式,《中华人民共和国刑法》已经做出了相对具体的规定,具体如下:第一,未经许可经营法律、行政法规规定的专营、专卖物品或者其他限制买卖的物品。为了保证我国的经济秩序良性运转,国家对关于国计民生、生命健康、公共利益的物资限制了经营活动。没有国家的许可,任何人不得擅自从事采购、销售、运输、加工、批发等经营活动,否则就构成非法经营。限制买卖的物品,包括国家不允许自由买卖的重要生产资料和紧俏消费品、国家制定专门单位经营的物品,如烟草专卖品(卷烟、雪茄烟、烟丝等)、外汇、金银及其制品、金银工艺品、珠宝及贵重药材等等。违反国家规定,出版、印刷、复制、发行其他严重危害社会秩序和扰乱市场秩序的非法出版物,情节严重的,构成非法经营罪。第二，买卖进出口许可证、进出口原产地证明以及其他法律、法规规定的经营许可证或者批准证件。许可证、原产地证明是行为人合法经营的重要依据。缺乏这些依据，其经营行为就是违法的，就构成了非法经营罪。有些犯罪分子从他人处购买或者伪造经营许可证或批准文件，企图逃避相关部门的调查和制裁，便产生了买卖许可经营证件及批准文件的不法行为。第三，非法经营证券、期货或者保险业务，非法从事资金支付结算业务。"非法从事资金支付结算业务"是指地下钱庄非法从事商业银行才能开展的接受客户委托代收代付，从付款单位存款账户划出款项等。第四，其他非法经营的行为。如非法买卖外汇，非法经营出版物，非法经营电信业务，在生产、销售的饲料中添加盐酸克伦特罗等禁止在饲料和动物饮用水中使用的物品，非法经营互联网业务，非法经营彩票。

案例 69：

张某设立了一家黄金公司，开始非法经营黄金期货。张某指使他的员工王某设立开发了网上黄金期货交易系统，并将其宣传推广，吸引了大批顾客通过网络系统炒黄金期货，与国际黄金市场并不接轨，大致上按照国际即时进价的浮动报价。截至案发前，张某的网上交易系统共有1217个客户，共完成交易176579笔，公司共向客户收取黄金交易定金2.75亿余元。另外，这家黄金公司还非法经营集合资金信托业务，向不特定的社会公众推出了理财计划，签订协议，共向181名客户收取了2000余万元资金，并将上述资金以公司名义注入黄金市场炒金价。

案例69中张某设立了一家黄金公司，利用网上黄金期货交易系统进行非法经营黄金期货，客户在此完成的交易数额较大。另外，张某的黄金公司还非法经营集合资金信托业务，向客户融资。证券、期货、保险或信托业务是资本市场日趋发达的产物，为市场经济的发展提供了更完善的金融服务。但是，这些业务的开展是需要得到国家的许可，否则其经营是不合法的。张某的黄金公司未取得国家的许可就私自非法经营黄金期货交易和集合资金信托业务，违反了国家的规定，已经构成了非法经营罪。

案例 70：

黄某违反国家的规定，采用人民币结算在境内、港币结算在境外的非法外汇交易方式，将8亿元人民币直接或通过其他单位和个人私自兑购并在香港得到港币超过8.22亿元。黄某因犯非法经营罪，被判处有期徒刑8年，并被没收个人部分财产人民币2亿元。

案例70中的黄某违反国家对于外汇的管理制度，在国家规定的外汇交易场所之外的地方非法买卖外汇，破坏了国家对金融的管理制度，扰乱了我国的金融秩序，已经构成了非法经营罪，且数额特别巨大，情节特别严重。外汇是我国对外贸易的重要工具，也是我国综合国力的标志。我国对外汇加以严格管理，是为了保证外汇市场乃至金融市场的正常运行，避免潜在的威胁。而黄某私自开展的外汇交易显然与维护金融市场秩序的宗旨不符合。

案例 71：

於某为牟取非法利益，未经药品监督管理部门的批准，却以每粒5元人民币的价格从谢某处购入了美国某制药公司已注册的药品。於某再以1.2~1.5美元的价格将上述药品向他人销售，销售金额超过了13万元人民币。

案例71中的於某在没有取得药品监督管理部门的批准且没有取得《药品经营许可证》的前提下进行药品销售，以此牟取非法利益。药品与人民群众的身体健康有着千丝万缕的关系，如果药品出现质量问题或者秩序混乱，则会对老百姓的健康造成极大的损害，也将损害社会秩序，其后果可大可小。於某未经许可销售药品，并不一定代表他销售的药品存在质量问题,但是缺乏登记、备案和管理的药品存在相对较高的风险,很可能会引发新的问题。从国家整体管理的角度来说,只能对药品的生产、销售、运输等各环节进行严格的限制,而经营药品的行为也必然要多加注意。总的来说,销售药品应当取得相应的许可,否则将成为非法经营,最终构成《中华人民共和国刑法》规定的非法经营罪。

25.妨碍公务罪如何量刑?

妨害公务罪是指以暴力、威胁方法阻碍国家机关工作人员、人大代表依法执行职务,或者在自然灾害中和突发事件中,使用暴力、威胁方法阻碍红十字会工作人员依法履行职责,或故意阻碍国家安全机关、公安机关依法执行国家安全工作任务,虽未使用暴力,但造成严重后果的行为。目前,部分老百姓为了义气或者切身利益,缺乏法治理念,与正常履行职务的国家工作人员发生冲突,并对他们采用暴力、威胁等手段,最终走上违法犯罪的道路,确实可能引发"小事化大"的结局。

《中华人民共和国刑法》第二百七十七条规定:以暴力、威胁方法阻碍国家机关工作人员依法执行职务的,处三年以下有期徒刑、拘役、管制或者罚金。以暴力、威胁方法阻碍全国人民代表大会和地方各级人民代表大会代表依法执行代表职务的,依照妨碍公务罪的规定处罚。在自然灾害和突发事件中,以暴力、威胁方法阻碍红十字会工作人员依法履行职责的,依照妨碍公务罪的规定处罚。故意阻碍国家安全机关、公安机关依法执行国家安全工作任务,未使用暴力、威胁方法,造成严重后果的,依照妨害公务罪处罚。

妨害公务罪侵犯的对象是国家机关工作人员、人大代表、红十字会工作人员等。这些人员是国家权力的掌握者,也是国家正常运行的有力保障。如果这些人员的工作没有办法正常开展,那么国家运转就会产生相应的问题。妨害公务罪既有可能威胁到上述人员的生命健康,又必然对国家制度的运行构成威胁。当然,成为妨害公务罪的侵犯对象是有条件的。第一,必须在执行公务时。国家机关工作人员已经着手执行职务,尚未结束。如果国家机关工作人员并未执行职务,那么犯罪分子的暴力威胁与公务无关,不构成妨碍公务罪。第二,必须使依法进行的,而不是超越职权范围的活动。超越职权范围的活动本身不被法律认可,即使打着"公务"的幌子仍然不能掩盖它的非法性,对这种行为的妨害或侵犯与真正的"公务"无关联,并不会构成妨害公务罪。

值得注意的是,对国家机关工作人员、人大代表、红十字会工作人员实施的妨害公务行为,一般来说需要以暴力、威胁方法阻碍相关人员履行职责。但是,对国家安全机关、公安机关工作人员实施的妨害公务罪,不需要使用暴力,只要造成严重后果就有可能构成妨害公务罪。而所谓的"严重后果",主要是指耽误了国家安全工作,放纵了犯罪分子,或者给国家安全带来了严重损害,侦查线索中断,犯罪证据灭失,赃物、赃款被转移等等。

案例 72:

王某给朋友庆生,禁不住朋友的劝导喝了许多酒。想到明天出差还要用车,王某毫不犹豫地开车回家了。途中,王某遇到了查酒驾的交警,十分害怕,不知所措。轮到王某的时候,王某提高车速,"噌"的一声逃跑了。随即,交警出动了多辆警车对王某围追堵截,终于将王某的车团团包围。在抓捕王某的过程中,王某强烈反抗,甚至与警察发生了身体冲突。最终,王某被执勤警察抓获。

案例 72 中的王某在朋友宴请中没有管好自己,视酒驾的规定不顾,虽求得一时的欢快却让自己陷入法律责任中。王某为了逃避酒驾的处罚,竟想一跑了之,对执勤的警察完全不管不顾。当警察试图拦住王某时,王某不惜用身体反抗。交警对驾驶员进行检查,对酒驾人员加以处理,他们是在执行公务。而王某面对执勤交警,不惜采用暴力反抗,已经对警察执行公务造成了极大的影响。因此,王某的行为符合妨害公务罪的构成要件,应受到法律的制裁。

案例 73:

郎家村发生了严重的疫情,许多村民纷纷发热甚至死亡,疫情愈来愈严重。当地的红十字会立即赶往郎家村,对该村的疫情进行控制。红十字会派郑某牵头,带领一批有技术、有经验的人员开展工作。红十字会到村后,很多村民的病情得到了一定程度的缓解,疫情扩散情形也被逐步摸清。正当红十字会有效开展工作之际,郎某却频频阻挠红十字会的工作。原来,郎某与郑某有一些私人过节,郎某不想让郑某顺利开展工作,想给他制造一些麻烦。于是,郎某将红十字会的药箱等物资藏起来,并到救治场所闹事,阻拦红十字会工作人员开展救治工作。

案例 73 中的郎某为了个人恩怨,竟然妨害红十字会的正常工作,情节恶劣。红十字会作为公益性极强的组织,在控制疫情、救助伤病方面扮演了极其重要的作用。而本案中,红十字会第一时间赶到发生疫情的郎家村,并立即救助染上疫病的村民,基本控制了疫情。但是郎某却将他和红十字会工作牵头人郑某的矛盾无限扩大,通过阻碍红十字会工作的方式解决他的私人矛盾。我们权且不说郎某和郑某之间的矛盾起源如何,也不管矛盾的原因是郎某还是郑某,这都与郑某开展工作无关。但是,郎某以各种恶劣的手段妨害郑某及其领导的红十字会开展工作,就已经超出私人矛盾的范畴。红十字会的工作属于执行公务,而郎某的行为则对红十字会执行公务造成了极大的威胁,构成妨害公务罪。

案例 74:

吴某是一名连环杀人案的犯罪嫌疑人,被押往法院时逃脱警察的控制,朝偏僻的地方跑去。警察发现这一状况后,立即追捕犯罪嫌疑人吴某。当警察和吴某只有100米距离时,吴某拐进了一个巷子里,暂时离开警察们的视线。当警察追到这个巷子时,碰到了林某。林某之前已经遇到了吴某,并大概猜到了事情的始末。林某顿时产生了玩心,将搁在墙上的竹竿推倒,使得警察没有办法及时追赶吴某,最终致使吴某逃脱。

案例74中林某因为玩心,通过"推竹竿"的方式帮助吴某逃脱,致使警察没有办法抓获犯罪嫌疑人。吴某是连环杀人案的犯罪嫌疑人,具有极强的社会危害性,如果任由他逃脱,不仅将使连环杀人案没有着落,同时也会给社会带来更大的危险。吴某逃脱后,警察们本来将有机会抓获他,却遇到"恶作剧"的林某,最终致使吴某逃脱。虽然林某在干扰警察办案时并没有采用暴力、胁迫等方式,但是"推竹竿"的方式已经对警察们的工作造成了莫大的干扰。林某故意阻碍国家安全机关、公安机关依法执行国家安全工作任务,虽未使用暴力,但造成严重后果,已经符合了妨害公务罪的构成要件,应当以妨害公务罪论处。

26.逃税罪如何量刑?

逃税罪是指纳税人采取欺骗、隐瞒手段进行虚假纳税申报或者不申报,逃避缴纳税款数额较大的行为。随着经济活动日益深入,我国的税收制度逐渐完善,形成相应的体系。部分老百姓认为我国的税负过重,对他们的生产生活造成了极大的影响;而部分老百姓却存有"贪便宜"的想法,能少缴一点税款就尽量少缴一点:上述情况都加大了我国税款征收中的难度,也对我国的财政收入构成了威胁,不利于社会的稳定发展。

　　根据《中华人民共和国刑法》第二百零一条规定,纳税人采取欺骗、隐瞒手段进行虚假纳税申报或者不申报, 逃避缴纳税款数额较大并且占应纳税额百分之十以上的, 处三年以下有期徒刑或者拘役, 并处罚金;数额巨大并且占应纳税额百分之三十以上的,处三年以上七年以下有期徒刑,并处罚金。扣缴义务人采取上述手段,不缴或者少缴已扣、已收税款,数额较大的,按照逃税罪处罚。对多次实施上述行为,未经处理的,按照累计数额计算。存在逃税行为,经税务机关依法下达追缴通知后,补缴应纳税款,缴纳滞纳金,已受行政处罚的,不予追究刑事责任;但是, 五年内因逃避缴纳税款受过刑事处罚或者被税务机关给予二次以上行政处罚的除外。

　　逃税罪是由偷税罪变化而来的, 逃税罪在对逃税行为加以处罚的同时设立了不予追究刑事责任的情形, 目的在于鼓励涉嫌逃税的纳税人能够主动补缴税款,缴纳滞纳金,接受行政处罚,从而达到免去刑事责任的目的。这种做法体现了宽严相济的政策导向,给涉嫌逃税的纳税人改过自新的机会。当然,逃税罪也对再三逃税的行为加以严厉打击,没有给这些人留下空子。五年内因逃避缴纳税款受过刑事处罚或者被税务机关给予二次以上行政处罚的,只要符合逃税罪的构成要件,必须按逃税罪加以处罚,不能免去刑事责任。

　　《中华人民共和国刑法》未对逃税罪的具体方式加以列举,只是采用了概括性的表述,即"纳税人采取欺骗、隐瞒手段进行虚假纳税申报或者不申报"。目前,逃税的行为层出不穷,方法各异,高度概括的法律并没有办法也没有必要对逃税行为加以列举。目前,逃税行为主要包括以下两种:第一种是纳税人采取欺骗、隐瞒手段进行虚假纳税申报。纳税人不是不进行纳税申报,而是进行虚假的纳税申报。比如,设立虚假的账簿、记账凭证,对账簿、记账凭证进行涂改,未经税务主管机关批准而擅自将正在使用中或尚未过期的账簿、记账凭证销毁处理,在账簿上多列支出或者不列、少列收入。第二种是不申报,即不向税务机关申报税收。主要是指已经领取工商营业执照的法人不到税务机关进行纳税申报,或者已经办理纳税登记的法人有实际经营活动却不向税务机关进行纳税申报或接到税务机关的纳税申报却不进行纳税申报的。

案例 75:

柯某曾是一家电子公司的法定代表人。为了节省公司的开支,她连同会计以"鸳鸯发票"的形式,为 8 家单位开具了 43 份发票,并以记账联上填写的 5794 元金额向税务机关申报纳税。经有关机构鉴定,这家电子公司少缴的税金达到了 101579 元之多。该地国家税务局对该案进行调查,并移交给公安机关。随后,柯某设立的电子公司被工商行政管理部门吊销了营业执照。事实上,柯某在案发后意识到事态的严重性,他主动地向税务机关补缴税款 94933.77 元,缴纳滞纳金 92228.16 元。在案件审理过程中,柯某又向法院补缴了税款 6645.33 元。

案例 75 中柯某身为一家电子公司的法定代表人,却采用"鸳鸯发票"的形式,进行虚假纳税申报,少缴的税金达到了 101579 元之多。柯某的这种行为已经基本符合了逃税罪的构成要件,应当承担的相应的责任。当然,柯某主动向税务机关补缴税款 94933.77 元,缴纳滞纳金 92228.16 元,又向法院补缴了税款 6645.33 元,即在税务机关依法下达追缴通知后,补缴应纳税款,缴纳滞纳金。从这点来说,案发后柯某的表现是比较好的,给税务机关的工作减轻了负担。根据《中华人民共和国刑法》规定,存在逃税行为,经税务机关依法下达追缴通知后,补缴应纳税款,缴纳滞纳金,已受行政处罚的,不予追究刑事责任。按照刑法主张的宽严相济原则,柯某的行为可以得到较轻的处置,一般只需要受到行政处罚就可,不一定要以逃税罪论处。

案例 76：

伍某向工商行政管理部门申请成立了一家三轮车经营公司。在经营过程中，伍某向当地国家税务局进行了纳税申报并及时缴纳了税款，但是没有向当地地方税务局进行纳税申报也没有缴纳税款。经当地地方税务局催促后，伍某进行了纳税申报。当地地方税务局根据伍某自己申报的经营数额告知伍某应该缴纳的税款数额，并要求他及时缴纳税款，但伍某一直没有到当地地方税务局缴纳税款。之后，伍某陆陆续续缴纳了地方税 2456 元，比当地地方税务局核定的应纳税额少了 46737 元。但是，伍某以没有赚钱不应缴纳个人所得税为由，拒绝缴纳相应的税款。

案例 76 中伍某只向当地国家税务局进行了纳税申报并及时缴纳了税款，但是没有向当地地方税务局进行纳税申报也没有缴纳税款。在当地地方税务局几番催促后，才以敷衍的心态进行虚假申报。按照我国法律规定，个体户不仅要向国家税务局申报纳税，还要向地方税务局申报纳税。伍某不仅延迟向当地地方税务局申报纳税，还通过种种方式进行虚假申报，在纳税申报后又不及时缴纳税款，以没有赚钱不应缴纳个人所得税为由，拒绝缴纳相应的税款。伍某逃税的数额较大，已经满足了逃税罪的构成要件，应当以逃税罪论处。

案例 77：

闫某是一家钢铁铸造厂的法定代表人。这几年经济形势不是很好，钢铁行业外贸受到严重影响，闫某的钢铁铸造厂也出现了经营的难题，利润大不如从前。看着每个月缴纳颇高的税款，闫某十分心疼。为了能够获得尽可能多的利润，闫某在缴纳的税款上动起了脑筋。闫某干脆就不向税务机关申报纳税，企图通过这种方式不纳税。等到税务机关催促时，闫某又拖拖拉拉的，最后还设立虚假的账簿、记账凭证,对账簿、记账凭证进行涂改,未经税务主管机关批准而擅自将正在使用中或尚未过期的账簿、记账凭证销毁处理,在账簿上多列支出或者不列、少列收入。

案例77中的闫某为了获取更多的利益,便想方设法逃税。他企图通过不申报纳税的方式逃避缴纳税款的责任,等到税务机关催促时还拖拖拉拉,竭尽所能地虚假申报纳税,在账簿、记账凭证上做了很多的手脚,希望能让税务机关少核算一些税款。闫某的这些小把戏并不能使自己少缴纳税款,同时还会使自己承担更大的责任。闫某虚假申报纳税,逃避税款数额较大,已经符合了逃税罪的构成要件,又无悔过补救措施,应当以逃税罪论处。闫某不但没有达到逃税的目的,反而触犯了逃税罪,真是偷鸡不成蚀把米。

27.走私罪如何量刑?

走私罪,是指个人或者单位故意违反海关法规,逃避海关监管,通过各种方式运送违禁品进出口或者偷逃关税,情节严重的行为。其具体罪名有:走私武器、弹药罪;走私核材料罪;走私假币罪;走私文物罪;走私贵重金属罪;走私珍贵动物、珍贵动物制品罪;走私珍稀植物、珍稀植物制品罪;走私淫秽物品罪;走私普通货物、物品罪;走私固体废物罪。关税制度是一个国家进行宏观管理、控制进出口产品数量的重要工具,有利于维护经济秩序的正常运行。有些单位和个人为了获得尽可能多的利润,置关税管理制度于不顾,走私各类物品,以身试法。为了打击走私行为,我国法律对走私行为进行了十分详细的规定。

《中华人民共和国》第一百五十一条规定:走私武器、弹药、核材料或者伪造的货币的,处七年以上有期徒刑,并处罚金或者没收财产;情节特别严重的,处无期徒刑或者死刑,并处没收财产;情节较轻的,处三年以上七年以下有期徒刑,并处罚金。走私国家禁止出口的文物、黄金、白银和其他贵重金属或者国家禁止进出口的珍贵动物及其制品的,处五年以上十年以下有期徒刑,并处罚金;情节特别严重的,处十年以上有期徒刑或者无期徒刑,并处没收财产;情节较轻的,处五年以下有期徒刑,并处罚金。走私珍稀植物及其制品等国家禁止进出口的其他货物、物品的,处五年以下有期徒刑或者拘役,并处或者单处罚金;情节严重的,处五年以上有期徒刑,并处罚金。单位犯上述罪的,对单位判处罚金,并对其直接负责的主管人员和其他直接责任人员,依照上述规定处罚。

《中华人民共和国》第一百五十二条规定:以牟利或者传播为目的,走私淫秽的影片、录像带、录音带、图片、书刊或者其他淫秽物品的,处三年以上十年以下有期徒刑,并处罚金;情节严重的,处十年以上有期徒刑或者无期徒刑,并处罚金或者没收财产;情节较轻的,处三年以下有期徒刑、拘役或者管制,并处罚金。单位犯前款罪的,对单位判处罚金,并对其直接负责的主管人员和其他直接责任人员,依照上述规定处罚。

根据《中华人民共和国》第一百五十三条规定,走私武器、弹药、核材料或者伪造的货币,国家禁止出口的文物、黄金、白银和其他贵重金属或者国家禁止进出口的珍贵动物及其制品,珍稀植物及其制品等国家禁止进出口的物品,淫秽的影片、录像带、录音带、图片、书刊或者其他淫秽物品,毒品以外的货物、物品的,根据情节轻重,分别依照下列规定处罚:(一)走私货物、物品偷逃应缴税额较大或者一年内曾因走私被给予二次行政处罚后又走私的,处三年以下有期徒刑或者拘役,并处偷逃应缴税额一倍以上五倍以下罚金。(二)走私货物、物品偷逃应缴税额巨大或者有其他严重情节的,处三年以上十年以下有期徒刑,并处偷逃应缴税额一倍以上五倍以下罚金。(三)走私货物、物品偷逃应缴税额特别巨大或者有其他特别严重情节的,处十年以上有期徒刑或者无期徒刑,并处偷逃应缴税额一倍以上五倍以下罚金或者没收财产。单位犯前款罪的,对单位判处罚金,并对其直接负责的主管人员和其他直接责任人员,处三年以下有期徒刑或者拘役;情节严重的,处三年以上十年以下有期徒刑;情节特别严重的,处十年以上有期徒刑。对多次走私未经处理的,按照累计走私货物、物品的偷逃应缴税额处罚。这其实是走私普通货物、物品罪的规定,未经海关许可并且未补缴应缴税额,擅自将批准进口的来料加工、来件装配、补偿贸易的原材料、零件、制成品、设备等保税货物,在境内销售牟利的,未经海关许可并且未补缴应缴税额,擅自将特定减税、免税进口的货物、物品,在境内销售牟利的,也同样构成走私普通货物、物品罪。

案例 78:

卢某和莫某都是码头的业务员,他俩认识后就达成了走私仿真枪的共识。经卢某的介绍,莫某很快就认识了香港的仿真枪供货人和大陆的仿真枪收货人,于是,走私仿真枪活动拉开了序幕。卢某和莫某采用一艘小型船舶运载仿真枪。监控中心得到情报后马上派出缉私小船前去检查,缉私队员冒着危险,跃上卢某和莫某雇用的小型船舶,迅速控制了船上的人员。船上的人见到缉私队员,大声尖叫,神色紧张,十分可疑。但是几番检查,缉私队员还是没有发现可疑物品。缉私队员发现船边的海面上飘着几个纸箱,可能是被抛弃的走私物品。缉私队员将自己倒挂在舷侧栏杆上,不顾危险将3只箱子打捞上来了。纸箱里装着仿真枪,其仿真程度十分高。

案例 78 卢某和莫某相互勾结,企图走私仿真枪。在我国,仿真枪属于禁止销售的物品。但在巨额利润的诱惑下,还是有一些人不惜违法犯罪,走私仿真枪。卢某和莫某雇用小型船舶运载仿真枪,企图通过走私来完成销售仿真枪的目的。卢某和莫某走私的仿真枪,是《中华人民共和国刑法》第一百五十一条、第一百五十二条规定以外的物品,也不属于毒品,其走私的对象是《中华人民共和国刑法》第一百五十三条规定的普通货物、物品。卢某和莫某的行为已经符合了走私普通货物、物品罪的构成要件,应当以走私普通货物、物品罪论处。

案例 79:

翁某请了 10 天年休假,到日本去游玩。临走前,他的好哥们让他从日本多带点 A 片回来,这样来钱比较快。翁某平常也会偶尔看看日本的 A 片,被好哥们这么一提点也顿时变得很上心。到了日本以后,翁某旅游的兴致下降了很多,全程都在考虑如何购买 A 片并将它们带回去。翁某从地摊、夜市等各种场合搜集了一大堆的淫秽物品,并在日本购买了一台索尼电脑和移动硬盘,将这些淫秽物品导入电脑和移动硬盘中,方便携带入境。翁某在厦门码头入境时,被发现随身携带了 99 张淫秽光盘。缉私部门立即对翁某携带的电脑和移动硬盘进行了十分细致的检查,最终发现里面存有大量的淫秽物品,包括淫秽视频 44378 个,淫秽图片 245234 张。

案例 79 中的翁某本来是去日本旅游的,为了携带淫秽物品回国营利竟然连旅游的兴致都变得不高。近年来,随着电子存储设备的日益进步,利用电子设备携带淫秽物品的做法越来越多。电子设备的存储容量大,拷贝扩散容易,对社会危害性远大于传统的存储设备。翁某通过索尼电脑和移动硬盘携带了数量庞大的淫秽物品,并企图通过电子设备存储的方式掩人耳目,蒙混过关。翁某的行为已经符合了走私淫秽物品罪,应当以走私淫秽物品罪论处。

案例 80：

赵某和李某为公司出谋划策，帮助陈某(是香港特别行政区人)代理进口废五金，通过少报重量和错报物品名的方式，以每个装柜 300 元人民币的代理费和每吨 52 元批文费为陈某代理进口废五金。赵某和李某明明知道陈某进口的 27 柜货物的重量实际上是 388.56 吨以及另外 7 个柜的货物为含铜废五金的情形下，仍然在报关时，将所有的货物申报为废钢铁 313.6 吨，委托报关服务公司申请报关，被海关查货。经有关部门调查，这 27 个柜中，20 个柜中实际货物为禁止进口的旧电器，真实的重量为 388.56 吨，少报了 74.96 吨。另外 7 个柜中货物也存在虚假报关的行为，逃避应纳税款。

案例 80 中赵某和李某通过少报重量和错报物品名的方式帮助陈某代理进口废五金。众所周知，进出口是经济运行中十分重要的环节，且对社会、环境的影响也较大。固体废物看似无用，如果任由它随意进口，可能对我国造成固体污染，使我国间接成为固体堆积处。赵某和李某走私固体废物的行为已经构成了走私固体废物罪的构成要件，应当受到法律的制裁。

28.挪用公款罪如何量刑？

挪用公款罪，是指国家工作人员，利用职务上的便利，挪用公款归个人使用，进行非法活动的，或者挪用公款数额较大、进行营利活动的，或者挪用数额较大、超过 3 个月未还的行为。部分群众对挪用公款的行为认识不够深入，认为只要将公款还回去，并没有造成公款流失，根本不会构成犯罪。在这种无知的态度作用下，有些群众出于借鸡生蛋的贪利心理或助人为乐的义气心理,将公款挪为己用或者给他人用。其实,挪用公款罪危害极大。挪用公款的行为破坏了公款的"公共性",将其暂时转化为私人性;该行为也会造成公款的缺失,对国家公共建设造成影响,致使公款不能很好地发挥作用。因此,挪用公款罪的危害非常大,我国法律也进行了严格的规定。

《中华人民共和国刑法》第三百八十四条规定:国家工作人员利用职务上的便利,挪用公款归个人使用,进行非法活动的,或者挪用公款数额较大、进行营利活动的,或者挪用公款数额较大、超过三个月未还的,是挪用公款罪,处五年以下有期徒刑或者拘役;情节严重的,处五年以上有期徒刑。挪用公款数额巨大不退还的,处十年以上有期徒刑或者无期徒刑。

挪用公款罪的犯罪主体必须是国家工作人员。国家工作人员,是指国家机关中从事公务的人员。国有公司、企业、事业单位、人民团体中从事公务的人员和国家机关、国有公司、企业、事业单位委派到非国有公司、企业、事业单位、社会团体从事公务的人员,以及其他依照法律从事公务的人员,以国家工作人员论,都能构成挪用公款罪。

触犯挪用公款罪,应满足以下几个要件。第一,行为人实施了挪用公款的行为。公款应当公用,但行为人没有取得合法批准却擅自挪用公款。第二,行为人利用了职务之便。挪用公款的行为是利用主管、经手的公款实施的。第三,行为人挪用公款是供个人使用的。公款有一定的用途,未经法定程序批准不可擅自改变用途,更不用说以私人目的使用相应的公款。这里的"供个人使用",既可以是挪用人自己使用,也可以是挪用人将公款交给他人使用。挪为己用或挪为他人使用,都不会影响挪用公款罪的成立。

具体来说,挪用公款罪包含以下三种情形:第一种是挪用公款归个人使用进行非法活动。非法活动不为法律所允许,挪用公款进行非法活动的情形更是性质恶劣，应当加以较为严格的规定。只要挪用公款归个人使用进行非法活动，就构成了挪用公款罪，与挪用公款的数额和挪用的时间都无关系。第二种是挪用公款归个人进行营利活动，且数额较大的。开展营利活动本身是合理合法的，但是挪用公款开展营利活动就会导致占用公款，加大公款的风险，不为法律所允许。但挪用公款归个人进行营利活动需要达到数额较大才可构成挪用公款罪，至于挪用时间则无要求。第三种是挪用公款归个人用于上述非法活动、营利活动以外的用途，并且数额较大，超过三个月未还的。比如，挪用公款支付教育、医疗费用，购买自住房屋，偿还债务……这些行为既不是非法活动，也不是营利活动，只有符合"数额较大且超过三个月未还"这一要件才会构成挪用公款罪。

案例81：

　　徐某是一家大型国有企业采购部的主任，企业内的大大小小物资都是从他的部门采购进来的，部门掌握的资金充裕。徐某在这家大型国有企业已经工作了将近20个年头，一直兢兢业业，凭借自己的努力升到了管理层，是很多年轻员工的榜样。但是，徐某的工作遇到了瓶颈期，家庭也出现了一些磕磕碰碰。生活和工作上的不如意使徐某逐渐染上了赌博的恶习，在赌博中徐某似乎找到了年轻时的感觉。刚开始，徐某还能稍微赢点，但后来越输越多，欠了100多万元。见徐某输得差不多了，赌场的人就上门向徐某催账。徐某认为自己就此罢手就会损失100多万元，如果再赌一把兴许能把之前输掉的钱统统赢回来，到时候自然可以轻轻松松地金盆洗手。徐某把自己的积蓄已经输光了，又不敢把这件事情告诉家人，他想不出该去哪里借赌资。于是，他打电话给部门的财务，说单位要换一批设备，手续还在办理中，时间比较紧迫，让财务送200万元过来。财务一听是单位的安排，也没多想，就将钱给徐某送过去了。徐某拿着这笔钱，到赌场去赌博，谁知道徐某的这笔巨款一下子就输光了,徐某背负的债务更多了。

案例81中的徐某沉迷于赌博,认为再赌一次能够回本,进而动了挪用公款的念头。徐某是一家大型国有企业的管理人员,是国家工作人员,可以成为挪用公款罪的主体。另外,徐某挪用公款归自己使用进行赌博,赌博是一种违法行为。根据我国刑法规定,只要挪用公款归个人使用进行非法活动,就构成了挪用公款罪,与挪用公款的数额和挪用的时间都无关系。徐某挪用公款进行赌博的行为已经符合了挪用公款罪的构成要件,应当以挪用公款罪论处。赌博是一种害人匪浅的恶习,很多人因为染上这种恶习最终家破人亡。赌博犹如毒品一样使人上瘾进而控制赌博人的意志,深陷赌博泥淖的人很容易失去理智,为了赌博什么都干得出来。因此,为了保持良好的生活习惯,我们应该增强自身的抵抗能力,坚决避免染上赌博的恶习,不要让赌博主宰我们的生活。

案例82:

魏某是政府部门的出纳,主要负责管理单位资金的进出。魏某是金融专业毕业的,对金融市场尤其是资本市场有着极其浓厚的兴趣。进入政府部门后,魏某仍然时不时学习一些金融方面的知识,并开展投资理财活动,常买一些股票、基金。近来,魏某听大学同学说,服装类股票将有利可图,还向他说明了几只未来收益较高的股票。魏某听了大学同学的话,很是动心,知道这是自己赚钱的好机会。但是,魏某刚刚按揭购买了一套房子,并没有多少闲钱可以用来投资,而魏某又不想错过这次绝好的机会。魏某想到单位保险柜里的资金,他想挪来用用,自己的投资很快就可以有收益,到时候再还回去也不迟。于是,魏某将挪用的10万元钱投入股市,收益颇丰。

案例82中魏某是政府部门的出纳,平日里经常与单位的资金打交道。他身为一名国家工作人员,利用职务上的便利,将公款挪来炒股票。炒股票是一种营利行为,魏某利用公款为自己创造利润,实在不应该。

挪用公款归个人进行营利活动需要达到数额较大才可构成挪用公款罪,至于挪用时间则无要求。魏某一次性挪用10万元公款,数额巨大,已经触犯了挪用公款罪。虽然魏某最后确实获益颇丰,也很快归还公款,但这都不影响挪用公款罪的成立,魏某将以挪用公款罪论处。

案例83:

方某是一名普通的国有企业职工,因人手紧缺,方某也会帮着单位会计做账、管理资金。最近,方某的女儿被查出来患有白血病,需要高额的手术费。方某和他的妻子十分发愁,他们都只是普通的企业职工,没有多少积蓄。平时的生活就已经挺紧张了,更不要说负担高昂的医药费,这简直就是一个不可能完成的任务。女儿的病情一天天恶化,如果不及时动手术将会有生命危险,医院也时不时催促他们缴费,否则将终止医疗服务。方某看着女儿饱受病痛之苦,为自己的无能为力而羞愧,他决定不惜一切代价挽救女儿的生命。于是,他在帮会计做账的时候,未将一笔收入做入账内,这笔20万元的收入就被方某挪为女儿的医药费使用。女儿的医疗费用一天天增加,根本没有给方某喘息的机会。半年过去了,单位追查欠款时才发现方某挪用了20万元资金。

案例83中的方某利用职务便利,通过做假账的方式将单位的收入挪为女儿的医药费。从父亲的角度来说,方某十分疼爱他的女儿,并不惜一切代价挽救女儿的生命,这种父爱令人感动。从公司职员的角度来说,方某利用职务之便,挪用公款,影响公司的运转,他是一名十分不合格的员工。方某身为一名国家工作人员,将公款归个人用于非法活动、营利活动以外的用途,不仅数额巨大,而且超过3个月未归还,已经构成了挪用公款罪。一方有难,八方支援,中国人一直秉承这种乐于助人的传统美德。方某家遭遇这样的难题,可以向组织、向社会寻求帮助,而不是通过挪用公款这样的违法活动来解决问题。

29.挪用资金罪如何量刑?

挪用资金罪是指公司、企业或者其他单位的工作人员利用职务上的便利,挪用本单位资金归个人使用或者借贷给他人,数额较大、超过3个月未还的,或者虽未超过3个月,但数额较大、进行营利活动的,或者进行非法活动的行为。挪用公款罪的犯罪主体必须是国家工作人员,而国家工作人员在全部就业人群中只占相当小的部分,绝大多数人属于非国家工作人员。非国家工作人员利用职务上的便利将单位资金归人个人用途,同样也是不合法的,也会构成挪用资金罪,将要承担一定的刑事责任。

《中华人民共和国刑法》第二百七十二条规定:公司、企业或者其他单位的工作人员,利用职务上的便利,挪用本单位资金归个人使用或者借贷给他人,数额较大、超过三个月未还的,或者虽未超过三个月,但数额较大、进行营利活动的,或者进行非法活动的,处三年以下有期徒刑或者拘役;挪用本单位资金数额巨大的,或者数额较大不退还的,处三年以上十年以下有期徒刑。国有公司、企业或者其他国有单位中从事公务的人员和国有公司、企业或者其他国有单位委派到非国有公司、企业以及其他单位从事公务的人员有上述行为的,也构成挪用资金罪。商业银行、证券交易所、期货交易所、证券公司、期货经纪公司、保险公司或者其他金融机构的工作人员利用职务上的便利,挪用本单位或者客户资金的,也将构成挪用资金罪。

挪用单位资金归个人使用或者借贷给他人使用,是指公司、企业或者其他单位的非国家工作人员,利用职务上的便利,挪用本单位资金归本人或者其他自然人使用，或者挪用人以个人名义将挪用的资金借给其他自然人和单位的行为。"归个人使用"，包括将本单位资金供本人、亲友或者其他自然人使用的，以个人名义将本单位资金供其他单位使用的，个人决定以单位名义将本单位资金供其他单位使用，谋取个人利益的。

挪用资金罪的方式有三种。第一种是数额较大、超过3个月未还的行为。第二种是虽未超过3个月，但数额较大、进行营利活动的行为。第三种是进行非法活动的行为。这三种方式其实与挪用公款罪并无差异，两者的差异主要是犯罪主体不同。挪用公款罪的犯罪主体是国家工作人员，挪用资金罪的犯罪主体是非国家工作人员，即公司、企业或者其他单位的非国家工作人员。

案例 84：

邓某是一家毛纺企业的会计，平时工作认真负责，深得同事的好评。邓某的妻子在玩具市场中租了一间店面开玩具店，生意不错。最近，邓某妻子所在的市场要将出租的店面卖掉，不再出租。邓某一家开始犯难了，如果不买下那家店面，那么妻子一时很难找到合适的工作，妻子的收入也受到很大的影响；如果买下那家店面，需要30万元的资金。随着店面出卖时间的推进，邓某一家的焦虑感不断扩大。邓某的妻子实在不想放过这次机会，就让邓某从单位挪一笔资金出来，等经营一段时间立即还回去。起初，邓某觉得这种做法有违自己的职业道德，不肯答应妻子的要求。但是，邓某的妻子是铁了心要买到那家店面，三天两头跟邓某闹事，无可奈何的邓某最终只能满足妻子的愿望，以求得耳根清净，挪用单位的30万元帮妻子买下了店面。

案例84中的邓某在妻子的强逼之下，用单位的钱买下店面。邓某挪用资金主要是为了帮助妻子开玩具店，从事营利活动，而邓某挪用的资金数额巨大。根据我国刑法的规定，挪用资金归个人进行营利活动需要达到数额较大才可构成挪用资金罪,至于挪用时间则无要求。邓某的行为显然已经构成了挪用资金罪,应当以挪用资金罪论处。本案中,邓某出于职业道德不肯挪用资金,在妻子的强逼之下才选择挪用资金。可见,在挪用资金等案件中,犯罪分子本身并不一定具有挪用资金的直接意图,只是出于亲人的请求或者对朋友的义气才铤而走险。挪用资金案件等经济案件的发生,不仅与行为人的法律素养有关,同时取决于亲朋好友的理解程度和施加影响。值得指出的是,很多人认为挪用资金只是违背了职业道德,但实际上这种做法严重违法了我国《刑法》的相关规定,将会承担一定的刑事责任。

案例 85:

　　庄某是一家电子公司的出纳,掌管公司的资金。近来,庄某认识了年轻漂亮的服务员温某,对她一见钟情。庄某想着办法讨好温某,不惜花费巨额资金向温某提供优越的物质条件。庄某的基本工资并不算太高,不能负担在温某身上的高消费。温某的生日快到了,庄某想要送一份大礼给温某,好好表现一下。庄某想到温某十分中意一个名牌的一款戒指,价值 10 万元。庄某想满足温某的愿望,但是苦于囊中羞涩。于是,庄某想到暂时挪用手头的单位资金,到时候想办法归还。过了 3 个月,庄某还是没有将这笔资金归还到位。

　　案例 85 中的庄某为了获得服务员温某的青睐,不惜挪用单位资金,购买名牌奢侈品的钻戒送给温某。庄某的行为不能算违法行为,也不是为了营利,只能说是违法行为和营利行为以外的其他行为。庄某挪用的资金数额巨大,超过 3 个月未准时归还,已经构成了挪用资金罪,将承担相应的刑事责任。单位的资金有其特定的用途,任何人未经允许不得随意挪用单位资金。庄某将单位资金当作谈恋爱的资本,实在是罪有应得。同时,每个人的生活方式和消费理念各不相同,没有绝对的对与错。但是,消费方式一定要结合自身的经济状况,如果一味追求脱离自身条件的奢侈生活,将会把自己和身边的人推到犯罪的边缘,采用违法犯罪的方式来满足物质上的欲望。与所谓的奢侈品相比,人身自由和情感上的交流更为珍贵,切勿本末倒置。

案例86:

凌某在一家服装公司工作,掌管公司的财务工作,工作表现一直十分出色,深得上司的器重。凌某的丈夫吴某与丁某有染,吴某和丁某经常出现于公众场合,俨然一对夫妻。丁某十分嚣张,经常在熟人面前叙述她和吴某的感情,并时不时嘲笑凌某的无能。丁某接连到凌某的单位闹事,要求凌某趁早结束这段婚姻,这些让凌某十分没有面子。凌某想到丁某是自己悲惨婚姻的始作俑者,怎么也咽不下这口气,打算雇人教训一下她。凌某找到小混混帮忙做事,小混混说只要15万元就能帮她彻底解决问题,能让丁某从凌某的生活中消失,一了百了。凌某听了之后十分心动,又一时拿不出这笔钱来,就挪用了单位的一笔款项,让小混混帮她解决丁某。

案例86中凌某为了教训丈夫的情人丁某,不惜挪用单位的资金雇佣小混混解决掉丁某。丁某与凌某的丈夫有染,丁某还时不时给凌某制造麻烦,害她没办法下台,丁某的行为是不道德的。但是,这并不是凌某雇人教训丁某的理由。无论小混混给丁某造成了什么样的伤害,凌某的行为本身是违法的。挪用单位资金从事违法活动的,不论挪用资金的多少,也不管挪用时间的长短,都将构成挪用资金罪。当然,凌某和小混混对丁某造成的伤害,也将构成其他犯罪,在此不展开讨论。在日常生活中,我们不能避免他人甚至是最亲的人对我们造成的伤害。面对这种痛苦,我们应该要寻找积极的方式去沟通并解决问题,而不是抱着侥幸心理做出违法乱纪的事情。如果凌某的丈夫并没有悔改的意思,与其钻牛角尖,凌某倒不如放自己一条生路,重新开始自己的生活,也未尝不是一种好选择,不应该采取这种极端的方式,尤其不能挪用公款。

30.贪污罪如何量刑?

　　贪污罪,是指国家工作人员和受国家机关、国有公司、企业、事业单位、人民团体委托管理、经营国有财产的人员,利用职务上的便利,侵吞、窃取、骗取或者以其他手段非法占有公共财物的行为。我们经常可以在媒体上看到部分官员因为贪污而受到相应的刑事处罚,老百姓也对贪污这种行为深恶痛绝。确实,贪污不仅损害了党和国家的形象,也阻碍了政府开展群众工作,危害十分巨大。因此,我国刑法对贪污罪进行了十分细致的规定,对贪污行为严惩不贷。

　　《中华人民共和国刑法》第三百八十二条规定:国家工作人员利用职务上的便利,侵吞、窃取、骗取或者以其他手段非法占有公共财物的,是贪污罪。受国家机关、国有公司、企业、事业单位、人民团体委托管理、经营国有财产的人员,利用职务上的便利,侵吞、窃取、骗取或者以其他手段非法占有国有财物的,以贪污论。与国家工作人员勾结,伙同贪污的,以共犯论处。根据《中华人民共和国刑法》第三百八十三条规定,对犯贪污罪的,根据情节轻重,分别依照下列规定处罚:(一)个人贪污数额在十万元以上的,处十年以上有期徒刑或者无期徒刑,可以并处没收财产;情节特别严重的,处死刑,并处没收财产。(二)个人贪污数额在五万元以上不满十万元的,处五年以上有期徒刑,可以并处没收财产;情节特别严重的,处无期徒刑,并处没收财产。(三)个人贪污数额在五千元以上不满五万元的,处一年以上七年以下有期徒刑;情节严重的,处七年以上十年以下有期徒刑。个人贪污数额在五千元以上不满一万元,犯罪后有悔改表现、积极退赃的,可以减轻处罚或者免予刑事处罚,由其所在单位或者上级主管机关给予行政处分。(四)个人贪污数额不满五千元,情节较重的,处二年以下有期徒刑或者拘役;情节较轻的,由其所在单位或者上级主管机关酌情给予行政处分。对多次贪污未经处理的,按照累计贪污数额处罚。

贪污罪的主体是"国家工作人员、集体经济组织工作人员或者其他经手、管理公共财物的人员"。"其他经手、管理公共财物的人员"包括:刑法第一百五十五条中规定的"受国家机关、企业、事业单位、人民团体委托从事公务的人员";基层群众性自治组织(如居民委员会、村民委员会)中经手、管理公共财物的人员;全民所有制企业、集体所有制企业的承包经营者;以全民所有制和集体所有制企业为基础的股份制企业中经手、管理财物的人员;中方是全民所有制或集体所有制企业性质的中外合资经营企业、中外合作经营企业中经手、管理财物的人员。

贪污罪的对象是公共财产。根据《中华人民共和国刑法》第九十一条规定,公共财产,是指下列财产:(一)国有财产;(二)劳动群众集体所有的财产;(三)用于扶贫和其他公益事业的社会捐助或者专项基金的财产。在国家机关、国有公司、企业、集体企业和人民团体管理、使用或者运输中的私人财产,以公共财产论。根据《中华人民共和国刑法》第九十二条规定,公民私人所有的财产,是指下列财产:(一)公民的合法收入、储蓄、房屋和其他生活资料;(二)依法归个人、家庭所有的生产资料;(三)个体户和私营企业的合法财产;(四)依法归个人所有的股份、股票、债券和其他财产。这些公民私有财产在特定情况下也将成为拟定的公共财产,可以作为贪污罪的犯罪对象。

贪污罪是指利用职务之便,侵吞、窃取、骗取或者以其他手段非法占有公共财物的行为。利用职务便利侵吞财物的做法并不少见,老百姓对这种作案方法也比较了解。窃取财物,是指行为人利用职务上的便利,采用秘密窃取的方法,将自己经手或管理的公共财物非法占有。骗取财物,是指行为人利用职务上的便利,采用虚构事实或隐瞒真相的方法,非法占有公共财物。例如出差人员用涂改或伪造单据的方法虚报或谎报支出冒领公款,工程负责人多报工时或伪造工资表冒领工资,收购人员谎报收购物资等。

案例87:

孙某是单位的党支书,十分精明,总想着法子能从单位里面捞一点油水。单位原有的一套信息系统已经过时,单位打算更换一套更加先进的设备,将旧设备堆放在单位的仓库内。孙某没有跟单位的其他领导商量,也没有在相关会议上提议,擅自将价值8万元的旧设备卖给了熟人,并将1万元上交给单里并计入账簿,剩下的钱则归孙某所有。

案例87中的孙某身为单位的党支部书记,未经单位的同意,擅自出售旧设备,并用上报虚假的销售价格从而非法占有单位的公共财产。孙某无权擅自出售放在仓库里的旧设备,更没有权利以对单位不利的方式出售单位资产。但孙某是凭借党支部书记的身份变卖财产,否则他根本没有办法卖掉放在仓库里的旧设备。同时,孙某将8万元的售价谎报成1万元,试图骗取其中的差价。孙某虚构事实、隐瞒真相从而非法占有单位财产的行为,已经符合了贪污罪的构成要件,应当以贪污罪论处。

案例88:

段某所在的村遭遇了三十年一遇的洪水,并引发了泥石流等后续灾害。村子里的庄稼被摧毁,部分房屋坍塌,食物供应不足,疫病流行的风险增大。政府增派官员到现场指挥救灾,并安排了灾后重建资金。段某身为一名村长,在收到政府拨款后,不仅没有将它用在规定的地方,甚至还通过增加开支的方式截留部分政府拨款归入囊中,导致村里的灾后重建工作难以正常开展,村民们对这种情况抱怨连连。

案例88中的段某利用手中的职权，截留政府的灾后重建资金，此时段某属于从事公务的人员。村民委员会等村基层组织人员协助人民政府从事下列行政管理工作,属于刑法规定的"其他依照法律从事公务的人员"：(一)救灾、抢险、防汛、优抚、扶贫、移民、救济款物的管理;(二)社会捐助公益事业款物的管理;(三)国有土地的经营和管理;(四)土地征用补偿费用的管理;(五)代征、代缴税款;(六)有关计划生育、户籍、征兵工作;(七)协助人民政府从事的其他行政管理工作。段某管理政府拨给村里的救灾和灾后重建资金,属于"其他依照法律从事公务的人员"。段某凭借其村长的职务之便,以续保增加的开支截留灾后重建拨款,这种行为已经符合贪污罪的构成要件,应当以贪污罪来追究段某的刑事责任。

案例89：

卫某是某县公安局的局长,手中掌握了一定的权力。卫某的业务能力很强,多次立功,但是品德并不过关,生活十分奢侈。微薄的工资并不能满足卫某的物质欲望,卫某总想着法子从局里面捞钱。卫某总是命令所在公安局的会计和出纳拨出一笔单位资金,并以合理的名义做账。实际上,这些钱都落到了卫某的手里。

案例89中的卫某身居要职,却不注意自己的作风。即使卫某的业务能力再强,他都会给所在公安局和政府带来极大的危害,破坏单位的廉洁作风。卫某生活过于奢侈,超过了承受范围,只能通过不正当手段满足自己的要求。可以说,欲望是人类的天敌,如果我们缺乏足够强大的抵抗力,势必被欲望这个天敌打倒。本案中,卫某过分追求物质享受,以虚构的名义让会计和出纳向他提供单位的公款,已经符合了贪污罪的构成要件,应当以贪污罪论处。

31.职务侵占罪如何量刑?

职务侵占罪侵犯的对象是公司、企业或者其他单位的财物,包括动产和不动产。所谓的"动产",不仅指已在公司、企业、其他单位占有、管理之下的钱财(包括人民币、外币、有价证券等),而且也包括本单位有权占有而未占有的财物,如公司、企业或其他单位拥有的债权。贪污罪的犯罪主体是国家工作人员,而非国家工作人员同样有可能利用职务上的便利条件非法占有单位的财产,这就会构成职务侵占罪。职务侵占罪不仅导致单位资金的流失从而影响单位的运行,同时也会破坏单位内部的作风建设和制度管理,后果不可谓不严重。因此,我国法律对非国家工作人员非法侵占单位财产的行为加以严格的规定。

《中华人民共和国刑法》第二百七十一条规定:公司、企业或者其他单位的人员,利用职务上的便利,将本单位财物非法占为己有,处5年以下有期徒刑或者拘役;数额巨大的,处5年以上的有期徒刑,可以并处没收财产。《中华人民共和国刑法》第一百八十三条规定:保险公司的工作人员利用职务上的便利,故意编造未曾发生的保险事故进行虚假理赔,骗取保险金归自己所有的,以职务侵占罪定罪处罚。另外,对村民小组组长利用职务上的便利,将村民小组集体财产非法占为己有,数额较大的行为,以职务侵占罪论处。

这里说的"公司",是指根据《中华人民共和国公司法》设立的非国有的有限责任公司和股份有限公司;"企业",是指除有限责任公司和股份有限公司以外的非国有的经过工商行政管理机关批准设立的有一定数量的注册资金及一定数量的从业人员的营利性的经济组织,如商店、工厂、饭店、宾馆及各种服务型行业、交通运输行业等经济组织。其他单位，是指除公司、企业以外的非国有的社会团体或经济组织，包括集体或者民办的事业单位，以及各类团体。

职务侵占罪中，行为人通过职务上的便利条件，非法占有公司、企业的财产。首先，行为人必须利用职务上的便利条件。其次，必须有非法侵占的行为。行为人通过窃取、骗取、侵吞等各种手段将本单位财产占为己有。只要主观上有非法侵占的意图，并利用职务上的便利条件实施了非法占有的行为，数额较大的，就符合了职务侵占罪的构成要件。

案例90：

奚某所在的房地产公司名气很大，基本抢占了当地的市场，在全国也有相当大的市场份额。奚某在这家房地产公司中负责房源管理，主要是帮助公司掌握动态的房屋数量，以制定相对合理的销售价格。最近，奚某所在的房地产公司又推出了一批新建的房屋，是非常理想的学区房，可以上当地最好的小学和中学。奚某的儿子已经上二年级了，根据奚某房子的位置只能上一所十分普通的小学，这让望子成龙的奚某十分头疼。奚某一直想让儿子转到好的学校就学，却一直没有成功。这次，奚某看到单位推出的房子可以就读最好的学校，十分心动，却又没有能力购买。于是，奚某自作主张，利用职务上的便利，出具假合同，将公司名下的一套房产登记在了自己的名下，儿子也如愿以偿地上了最好的小学。

案例90中的奚某是房地产公司的房源管理人员，掌握单位内部的房屋剩余数量及具体情况，并对客户的过户登记程序和要求有一定的了解。奚某为了能让儿子上最好的小学，将单位所有的房子占为己有。职务侵占罪的对象是单位财产，既包括金钱也包括实物型的财产。因为金钱和实物都是单位财产，具体的实物也可以转化成现金形式。大多数职务侵占罪都是非法占有金钱，而奚某是非法占有房屋之一实物，但这并不影响职务侵占罪的成立。另外，奚某非法占有房屋的直接目的是为了让儿子取得入学资格，并不是房屋本身。但是，奚某非法占有这间房屋后并无归还之意，符合职务侵占罪要求的"非法占有"要件。因此，奚某的行为构成职务侵占罪，应当以职务侵占罪论处。

案例91：

顾某是商场的出纳，负责管理超市停业时的现金。每天晚上，顾某都将未存入银行的现金放进保险箱里。顾某看着每天进进出出的大额现金，很是心动，于是起了歹念，想要得到其中的一部分。顾某想了一个绝妙的方法：她还是像往常一样将未存入银行的现金放进保险箱，在存放的时候将事先准备好的假钞替换真的百元大钞。做好一切安排后，顾某与其他同事一起下班，看起来就像什么事情都没有发生过。第二天，顾某假装发现保险箱里的钱是假的。

案例91中的顾某采用"狸猫换太子"的招数将超市保险箱里的钱换成假币，自己将真币占为己有。顾某是商场的出纳，负责将未存入银行的现金放入保险箱里并加以保管。可以说，顾某是整个超市中离保险箱及里面的钱最近的人，她能够轻易地对保险箱里的钱动手脚。表面上，顾某偷了超市的资金。实际上，顾某利用假币营造出保险箱未发生状况的假象，从而放松同事的警惕，到第二天以意外发现状况的方法掩盖自己的作案事实。顾某利用自己职务上的便利条件，布置了自己设计的场景，进而非法占有单位的财物。顾某是利用职务便利盗窃单位财物，符合非法侵占罪的构成要件，应当以非法侵占罪论处。

案例92：

蓝某是一家酒楼的员工，主要负责购买新鲜的食材及其他杂物。蓝某喜欢占小便宜，帮酒楼采购时也不例外。每次出门购买物品，蓝某都会货比三家，挑选较为合适的店家，但在付款时也会要求卖家在采购单上写上远远高于实际购买价格的数目，并按照采购单上的数目向酒楼老板要求货款。酒楼的老板与蓝某并不熟悉，只是觉得蓝某这个人办事比较谨慎，看上去比较老实，应该能够帮助酒楼以最低的价格购买最优质的产品。直到负责采购工作两年后，蓝某才被老板识破他的小伎俩。蓝某通过标高售价的方式，在长达两年的时间内获取金额 5 万元。

案例 92 中的蓝某只是一家酒楼负责采购的员工，却标高采购价格向老板索要多余款项。采购是任何企业或经营主体的重要环节，与成本核定有着十分密切的关系。蓝某负责采购工作，虽然货比三家，但这也是为了获得更多的非法收益。蓝某凭借其采购的职务便利条件，将多余的采购款占为己有。蓝某的行为已经符合了非法占有罪的构成要件，应当以非法占有罪论处。

32.受贿罪如何量刑?

受贿罪是指国家工作人员利用职务上的便利,索取他人财物,或者非法收受他人财物,为他人谋取利益的行为。目前,部分政府官员平时不注意提高政治素养, 面对诱惑缺乏足够的抵抗力, 最终走上贪腐之路。贪污、受贿罪的发生,极大地损害了政府的廉洁制度,也伤害了老百姓对政府的信任,不利于建立和谐的干群关系。因此,法律将对受贿罪严厉处罚。

《中华人民共和国刑法》第三百八十五条规定:国家工作人员利用职务上的便利,索取他人财物的,或者非法收受他人财物,为他人谋取利益的,是受贿罪。国家工作人员在经济往来中,违反国家规定,收受各种名义的回扣、手续费,归个人所有的,以受贿论处。《中华人民共和国刑法》第三百八十八条规定:国家工作人员的近亲属或者其他与该国家工作人员关系密切的人,通过该国家工作人员职务上的行为,或者利用该国家工作人员职权或者地位形成的便利条件, 通过其他国家工作人员职务上的行为,为请托人谋取不正当利益,索取请托人财物或者收受请托人财物,数额较大或者有其他较重情节的,处三年以下有期徒刑或者拘役,并处罚金;数额巨大或者有其他严重情节的,处三年以上七年以下有期徒刑,并处罚金;数额特别巨大或者有其他特别严重情节的,处七年以上有期徒刑,并处罚金或者没收财产。另外,对犯受贿罪的,根据受贿所得数额及情节,依照受贿罪的规定处罚。索贿的从重处罚。已离、退休的国家工作人员,利用本人原职权或地位形成的便利条件,通过在职的国家工作人员职务上的行为,为请托人谋取利益,而本人从中向请托人索取或者非法收受财物的,以受贿论处。

受贿罪的方式包括两种:第一种是行为人利用职务上的便利条件,索取他人财物,即索贿;第二种是行为人非法收受财物,为他人牟取利益,即收受贿赂。收受贿赂中要求的利益既可以是正当利益,也可以是不正当利益,只要收受他人财物,并为他人牟取利益即可构成受贿罪,利益的具体情形则不重要。索贿是行为人主动为之的,性质比收受贿赂严重得多。因此,索贿的构成只需要行为人利用职务上的便利索取他人财物,行为人是否牟取利益则不影响受贿罪的构成。

具体来说,行为人一般通过以下十种方式收受他人财物。第一种是以交易形式收受贿赂。如,以明显低于市场的价格向请托人购买房屋、汽车等物品;以明显高于市场的价格向请托人出售房屋、汽车等物品的;以其他交易形式非法收受请托人财物。第二种是收受干股,干股是指不出资即可分享红利的股份。第三种是以开办公司等合作投资名义收受贿赂,而行为人实际上并没有参与出资、管理和经营。第四种是以委托请托人投资证券、期货或者其他委托理财的名义收受贿赂。即,委托请托人投资证券、期货或者其他委托理财的名义,未实际出资而获取"收益",或者虽然实际出资,但获取"收益"明显高于出资应得收益。第五种是以赌博形式收受贿赂。这要结合赌博的时间、地点、次数、赌资来源、其他赌博者有无事先通谋、输赢钱物的具体情况和金额大小,来判断以赌博方式收受贿赂与一般娱乐的区别。第六种是特定关系人挂名领取薪酬,即委托请托人给特定关系人安排名义上的工作,不工作领取薪酬或者领取超过其应得的薪酬。第七种是由特定关系人收受贿赂,国家工作人员不直接收受贿赂,由特定关系人完成这一过程。"特定关系人",是指与国家工作人员有近亲属、情妇(夫)以及其他共同利益关系的人。第八种是收受贿赂物品未办理权属变更,即收受请托人房屋、汽车等物品,未变更权属登记或者借用他人名义办理权属变更登记。认定以房屋、汽车等物品为对象的受贿,应注意与借用的区分。具体认定时,除双方交代或者书面协议之外,主要应当结合以下因素进行判断:(1)有无借用的合理事由;(2)是否实际使用;(3)借用时间的长短;(4)有无归还的条件;(5)有无归还的意思表示及行为。第九种是收受财物后退还或者上交。国家工作人员收受请托人财物后及时退还或者上交的,不是受贿。国家工作人员受贿后,因自身或者与其受贿有关联的人、事被查处,为掩饰犯罪而退还或者上交的,不影响认定受贿罪。第十种是在职时为请托人牟利,离职后收受财物。

案例 93:

何某是所在村的村长,连任两届,何某为人淳朴,无论是对待孤寡老人还是小孩都很耐心,得到群众的好评。但是,何某是半个法盲,并不精通法律知识。镇里要修筑大坝,要征用何某村里的土地,何某按照法律程序投标。董某常年承包工作,对修筑这条大坝也势在必得。为了劝退极具竞争力的何某,并希望能顺利征用何某所在村的土地,董某提出给何某一笔照顾工地的钱。实际上,何某从未想过要真的巡查工地,也没有到工地上进行巡查,而董某也不是真心要让何某去巡查工地的。

案例93中的何某是连任两届的村长,在特定情形下何某得到董某这笔名以名义上为"巡查工地"的钱,主要是因为他能够给董某提供征用土地的便利条件,何某的所作所为已经使他成为刑法规定的"其他依照法律从事公务的人员"。实际上,何某拿到这笔"巡查工地"的钱后并没有去巡查工地,董某对何某工作上的懈怠并不介意。可见,董某支付给何某的钱并不是巡查工地的工钱,而是希望何某能够在征用土地时给董某一定的安排。这种内在的目的双方都心照不宣,何某利用职务上的便利条件收受董某的财物,并为董某谋取利益。当然,征用土地只要按照法定程序和要求进行并无不可,这种情况下协助董某征用土地也是何某应尽的职责,何某帮董某谋取的利益是正当利益。收受贿赂只需要帮请托人谋取利益,而不在乎是不正当利益还是正当利益。因此,何某的行为已经符合了收受贿赂的构成要件,应当以受贿罪论处。

案例94:

贾某是当地交通局的局长。季某是交通局的一名员工,家境富裕,近来在争取科长一职。为了能够胜利当选科长,季某到处寻找关系。季某找到贾某,希望贾某能够支持他的竞选,季某还拿出一件十分名贵的古董送给贾某。贾某平常喜欢收藏古董,见到季某送的东西爱不释手,答应协助他竞选科长的职务。

案例94中的季某为了能够晋升到科长的职务,送给交通局局长贾某一件十分名贵的古董,也算是投其所好。官员和普通人一样有不同的兴趣爱好,比如集邮、古董、花草等,这些兴趣爱好本身没错,但极有可能被别有用心的人利用,为官者应该要保持自己的抵抗力,坚决抵制贪污受贿的行为。贾某在收受季某送的古董后答应协助他竞选科长职务,是利用职务上的便利条件为他人牟取利益并收受贿赂的行为,应当以受贿罪论处。

案例 95:

严某是地税局的副局长,负责辖区内的征税管理。在例行检查中,严某发现一家当地经营效益很好的饲料生产厂并没有按照规定申报纳税,逃税严重。严某在查实情况后,让工作人员先不要采取措施,自己则与饲料生产厂的负责人私自沟通。严某表示,只要饲料生产厂向他提供股份,就可以避免税务机关的追究,否则饲料生产厂将要补齐税款,相关负责人也将承担一定的刑事责任。饲料生产厂的老板为了避免事端,不得不向严某提供一定的股份。

案例 95 中的严某身为地税局的副局长,在例行检查中发现饲料生产厂的逃税现象不仅没有及时纠正,反而让工作人员先不要按照规定上报,私自与饲料生产厂谈判。严某要求饲料生产厂向其提供一定数额的股份,却不同出资,这种行为已经构成了索贿,严某应当以受贿罪承担相应的刑事责任。

33.非国家工作人员受贿罪如何量刑?

非国家工作人员受贿罪,是指公司、企业或者其他单位的工作人员利用职务上的便利,索取他人财物或者非法收受他人财物,为他人谋取利益,数额较大的行为。老百姓对于国家机关工作人员的受贿罪比较熟悉,对非国家工作人员受贿罪却并没有多少了解。非国家工作人员也会存在职务上的便利条件,请托人为了达到自己的目的也会向非国家工作人员行贿。非国家工作人员受贿罪同样损害了单位的廉洁制度,不利于单位开展最为有利的经营活动,其危害性不低于受贿罪,应当加以注意。

《中华人民共和国刑法》第一百六十三条规定：公司、企业或者其他单位的工作人员利用职务上的便利，索取他人财物或者非法收受他人财物，为他人谋取利益，数额较大的，处五年以下有期徒刑或者拘役；数额巨大的，处五年以上有期徒刑，可以并处没收财产。公司、企业或者其他单位的工作人员在经济往来中，利用职务上的便利，违反国家规定，收受各种名义的回扣、手续费，归个人所有的，依照非国家工作人员受贿罪的规定处罚。银行或者其他金融机构的工作人员在金融业务活动中索取他人财物或者非法收受他人财物，为他人谋取利益的，或者违反国家规定，收受各种名义的回扣、手续费，归个人所有的，依照非国家工作人员受贿罪的规定定罪处罚。另外，公司、企业的工作人员在经济往来中，违反国家规定，收受各种名义的回扣、手续费，归个人所有且数额较大的，应以非国家工作人员受贿罪论处。

受贿罪的犯罪主体是国家工作人员，而非国家工作人员受贿罪的犯罪主体则是非国家工作人员，即公司、企业等单位的工作人员。一般来说，公职人员贪污受贿会在社会上引起强烈的反响，因为公职人员的工资薪酬来源于公民的纳税。而普通的公司、企业是自负盈亏的经营主体，它们的行为往往是单位内部的事情，一般不会引起强烈的社会反响。因此，我国刑法对受贿罪的处罚要严于非国家工作人员受贿罪，受贿罪的构成要件也要低于非国家工作人员的构成要件。受贿罪并没有要求"数额较大"，目前只需要达到5000元就可能构成受贿罪；而非国家工作人员的构成要件则包括"数额较大"，这可以算非国家工作人员受贿罪的特殊规定，应当加以关注。

案例 96：

竺某是一家汽车配件公司的检验员，负责检验加工商加工的产品。检验工作比较灵活，有时候同样一件产品不同的检验员做出的判断结果不同，有人认为是合格的，有人则认为是不合格的。为了使加工的产品尽可能过关,加工商们在逢年过节都会向竺某提供一些购物卡或者较为名贵的实物。竺某没觉得收下加工商的表示有什么问题,收下加工商的心意,同时在检验过程中给这些加工商的产品较宽的标准。经查,竺某累计收受的财物已经达到 13 万元。

案例 96 中的竺某身为一名检验员,应当对检验结果认真负责。如果检验关没有把好,那么加工商生产的劣质产品很难被发现,同时加重了企业的生产经营成本,增加本企业的次品率,后果比较严重。竺某担任如此重要的职责,不仅不注意严把质量关,还给向他提供财物的加工商一定的检验优惠。逢年过节,加工商都会向竺某提供购物卡和一些名贵的物品,这些东西都是具有较高价值的财物。加工商将这些财物交给竺某,实际上是为了竺某利用职务上的便利条件达到减少次品的目的。竺某欣然接受这些财物,并利用职务上的便利条件帮助有所表示的加工商。竺某累积收受财物 13 万元,数额较大,已经符合了非国家工作人员受贿罪的构成要件,应以非国家工作人员受贿罪论处。

案例 97:

诸某是银行的管理人员,主要负责银行的招聘工作。今年,诸某所在的银行要招聘 50 名应届毕业生。受经济形势的影响,毕业生找工作的难度加大。而银行是大多数人心目中较好的就业渠道,大批应届毕业生向诸某所在的银行投递了简历。在这些应聘者中,有来自名牌大学的,有研究生,也有海外留学者,竞争力较强。谷某的女儿即将大学毕业,也加入了找工作的队伍中。谷某的女儿在优越的环境下长大,独力能力较差,找工作时连连受挫。谷某为了能让女儿顺利地找到一份较为体面的工作,想将女儿安排进诸某所在的银行。谷某在熟人的介绍下,去诸某家里拜访,想要诸某给自己的女儿支招。诸某听了谷某的来意后,直接表明"这事能办,主要看谷某的诚意"。谷某听出了诸某的话外音,第二天就送来一沓人民币,价值 5 万元。在诸某的帮助下,谷某的女儿顺利地进入了这家银行。

案例 97 中的诸某身为负责招聘的银行招聘人员,掌握着银行人才招募的重要工作。当谷某来拜访时,诸某不仅没有秉承公事公办的态度,甚至暗示谷某向他表示诚意。虽然诸某没有明确地要谷某向他行贿,但"这事能办,主要看谷某的诚意"这句话中的意思已经很明确,普通老百姓基本上可以判断出诸某真实的意思。诸某的行为实际上是通过较为隐晦的方式向谷某要求财物,即所谓索贿。根据我国法律规定,行为人向他人索贿的,不管有没有帮助他人实现相关利益,只要数额较大的,都能构成非国家工作人员受贿罪。诸某向谷某索贿,数额较大,符合非国家工作人员的构成要件,应当以非国家工作人员论处。

案例 98:

向某是某银行信贷科的主任,主管银行的信贷事项。当地很多企业资金较为紧张,想要从向某所在的银行争取贷款。银行为了保障资金安全,对信贷的资格和相关程序规定管理得较为细致,对资质和经营状况较差的企业的贷款要求更高,而这些经营状况较差的企业资金更为短缺。赖某的公司经营不善,资金短缺,濒临倒闭。赖某最近结识了一位实力超强的企业家,愿意向赖某的企业提供加工业务。只要接下这位企业家的长期业务,赖某的企业就能起死回生。但是,采购原材料需要资金,开工经营需要经费,赖某暂时没有办法应付这些高昂的开支。赖某陷入了资金困境,如果资金不到位,就没有办法接下这笔大业务,企业最终没有办法避免倒闭的命运。赖某的企业很难争取到贷款,为了做最后一搏,赖某找到信贷科的向主任,拿出 6 万元钱,希望向主任能贷给他200 万元,保证在近期能归还本金。向主任听了赖某的陈述后,将 6 万元放入办公室的抽屉里,并违规帮赖某办理了贷款手续。

案例 98 中的向某身为银行信贷科的主任,掌管信贷事务,他的工作直接影响到银行的资金安全。赖某的企业资金链断裂,经营状况较差,信用度不高,一般情况下银行是不会贷款给他。赖某为了抓住最后一单大业务放手一搏,塞给向某6万元。向某不仅没有拒绝赖某的行贿,反而在收下这笔款项后违规帮赖某办理了贷款事宜。向某收受赖某的财物后,帮助赖某实现不正当利益,数额较大,已经符合了非国家工作人员受贿罪的构成要件,应当以非国家工作人员受贿罪论处。

34.利用影响力受贿罪如何量刑?

利用影响力受贿罪是指国家工作人员的近亲属或者其他与该国家工作人员关系密切的人,通过该国家工作人员职务上的行为,或者利用该国家工作人员职权或者地位形成的便利条件,通过其他国家工作人员职务上的行为,为请托人谋取不正当利益,索取请托人财物或者收受请托人财物,数额较大或者有其他较重情节的行为。随着经济社会的日益复杂,行贿方式更为多样、更为隐蔽,受贿者不直接利用职务便利收取财物,而是采用更加迂回的方式收受财物。这给反腐工作带来了更大的难度,因此法律对受贿的方式和过程做了更加细致的规定,避免给贪腐行为留下空子。利用影响力受贿罪是根据现行的反腐难题做出的具体规定,体现了国家反腐的力度。

《中华人民共和国刑法》第三百八十八条规定:国家工作人员的近亲属或者其他与该国家工作人员关系密切的人,通过该国家工作人员职务上的行为,或者利用该国家工作人员职权或者地位形成的便利条件,通过其他国家工作人员职务上的行为,为请托人谋取不正当利益,索取请托人财物或者收受请托人财物,数额较大或者有其他较重情节的,处三年以下有期徒刑或者拘役,并处罚金;数额巨大或者有其他严重情节的,处三年以上七年以下有期徒刑,并处罚金;数额特别巨大或者有其他特别严重情节的,处七年以上有期徒刑,并处罚金或者没收财产。离职的国家工作人员或者其近亲属以及其他与其关系密切的人,利用该离职的国家工作人员原职权或者地位形成的便利条件实施前款行为的,依照利用影响力受贿罪的规定定罪处罚。

利用影响力受贿罪的犯罪主体不是国家工作人员本身,而是国家工作人员的近亲属或其他关系密切的人,及离职的国家工作人员或者其近亲属以及其他与其关系密切的人。《中华人民共和国刑法》中的近亲属是夫、妻、父、母、子、女、同胞兄弟姐妹。利用影响力受贿罪通过与国家工作人员的特殊关系,变相或间接利用国家工作人员职务上的便利条件受贿。利用影响力受贿罪的犯罪分子认识到自己与国家工作人员的亲密关系,能够使第三人相信自己能够利用国家工作人员的职务上便利条件,为第三人牟取不正当利益。尤其要注意的是,利用影响力受贿罪要求行为人帮他人牟取不正当利益,如果谋取的是正当利益,则不构成利用影响力受贿罪。

案例 99:

黎某是某国土资源局的司机,给领导开车。该地一家酒店因为违规用地被黎某所在的国土资源局处以 117 万元罚款。为了减少罚款的数额,这家酒店的负责人就找到黎某,希望黎某多多帮忙,并送给黎某 10 万元。黎某找到国土资源局的局长,称这家酒店的负责人找到了他叔叔在省纪委工作的战友,请求国土资源局减少罚款。最后,黎某所在的国土资源局仅对这家酒店的违规用地罚款 39 万元。黎某因利用影响力受贿被判处有期徒刑一年十个月,缓刑二年,并处罚金五万元。

案例 99 中的黎某是某国土资源局的司机,不是国家工作人员。但黎某经常给领导开车,与领导的关系比较亲密,属于法律上规定的国家工作人员的"关系密切的人"。黎某通过他与局长的特殊关系,利用国家工作人员即局长职务上的便利条件,帮助酒店负责人牟取不正当利益,将罚款从117万元降到39万元。黎某收受酒店负责人贿赂款10万元,数额巨大,已经符合了利用影响力受贿罪的构成要件,应当以利用影响力受贿罪论处。

案例100:

江某是公安局局长的情妇,这是很多人都知道的事实。江某经常与公安局局长进出公众场合,局长很听江某的话。有些人还时不时调侃,找局长办事,还不如找局长的情妇办事。江某这个人为人爽快,物质欲较强,能帮不能帮的事情都愿意揽下,当然收钱也是必不可少的环节。沈某因为酒后斗殴被公安机关拘留,沈某的家人十分着急,希望能让沈某平安无事地回家。沈某的妻子通过各种关系找到江某,希望江某能在公安局长面前美言几句,并帮沈某解决麻烦。江某收下沈某妻子递过来的10万元现金,立即给局长打电话,说沈某是自己一个远房亲戚,让局长帮帮沈某。局长听到江某委屈的声音,心都碎了,想都没想就答应了江某的要求。

案例100中的江某不是国家工作人员,因为与公安局局长的特殊关系在当地呼风唤雨。江某身为公安局长的情妇,算是法律上规定的国家工作人员的特殊关系人。江某在收受沈某妻子的10万元钱后,当即要求局长帮助沈某解决麻烦。沈某酒后斗殴,应当按照法律规定承担相应的法律责任,但凭借江某的帮助就可以平安无事,这种操作不能不说是不正当的。江某利用自己与公安局局长的特殊关系,利用公安局局长职务上的便利条件收受财物,帮请托人实现不正当利益,数额较大,已经符合了利用影响力受贿罪的构成要件,应当以利用影响力受贿罪论处。

案例101:

　　贝某在退休前是海关的关长，因超强的业务能力和较好的管理能力深得人心，在单位很有威信。贝某在海关干了一辈子，提拔培养了一大批干部，现任的关长马某就是贝某培养起来的。颜某在国外购买了大批淫秽光盘，在入关时被查收，正在海关接受调查。颜某的哥哥意识到事态的严重性，迅速找到贝某，拿出事先准备好的5万元钱，并让贝某找海关关长马某说情，小事化了。贝某与颜某的哥哥私交不错，就答应下这份差事。贝某找到马某，让马某帮帮忙，马某念着贝某当年的提拔之恩，答应尽快帮助颜某解决问题。

　　案例101中的贝某在退休前是海关的关长，属于离职的国家工作人员。贝某凭借业务能力和管理能力树立了威信，并通过提拔培养干部与现任的海关工作人员保持亲密的关系，贝某可以算是现任海关关长马某的特定关系人。颜某的哥哥为了帮助颜某解决问题，递给贝某5万元。贝某收到这笔钱后，找到马某，让马某利用其职务上的便利条件帮助颜某。贝某利用与马某的特殊关系，通过马某职务上的便利条件收受财物，帮助颜某实现不正当的利益，数额较大，已经符合利用影响力受贿罪的构成要件，应当以利用影响力受贿罪论处。

35.行贿罪如何量刑?

❀　　❀　　❀

　　行贿罪，是指为谋取不正当利益，给国家工作人员以财物（含在经济往来中，违反国家规定，给予国家工作人员以财物，数额较大，或者违反国家规定，给予国家工作人员以各种名义的回扣费、手续费）的行为。当前，部分老百姓存在急功近利的想法，希望通过行贿的方式实现自己的正当利益和不正当利益。这种行贿行为为给国家工作人员的贪腐提供了便利条件,不利于净化政府的工作环境,破坏市场经济中的公平竞争原则,同时也会对其他老百姓构成不良的示范作用,导致行贿受贿现象多发,危害十分严重。

《中华人民共和国刑法》第三百八十九条规定:为谋取不正当利益,给予国家工作人员以财物的,是行贿罪。在经济往来中,违反国家规定,给予国家工作人员以财物,数额较大的,或者违反国家规定,给予国家工作人员以各种名义的回扣、手续费的,以行贿论处。因被勒索给予国家工作人员以财物,没有获得不正当利益的,不是行贿。《中华人民共和国刑法》第三百九十条规定:对犯行贿罪的,处五年以下有期徒刑或者拘役。因行贿谋取不正当利益,情节严重的,或者使国家利益遭受重大损失的,处五年以上十年以下有期徒刑;情节特别严重的,处十年以上有期徒刑或者无期徒刑,可以并处没收财产。行贿人在被追诉前主动交代行贿行为的,可以减轻处罚或者免除处罚。《中华人民共和国刑法》第三百九十三条规定:单位为谋取不正当利益而行贿,或者违反国家规定,给予国家工作人员以回扣、手续费,情节严重的,对单位判处罚金,并对其直接负责的主管人员和其他直接责任人员,处五年以下有期徒刑或者拘役。因行贿取得的违法所得归个人所有的,依照行贿罪定罪处罚。另外,在被诉前主动交代,并有重大立功表现,不追究刑事责任;在被诉前主动交代,可减轻处罚,或者免除处罚。

案例 102:

四十出头的蒙某挂靠 4 家正式建筑工程公司,没有相关的工程技术证书。为了承揽工程和得到当地征地拆迁中心工作人员在工程验收过程中的关照,多次送给征地拆迁中心领导及工作人员好处费人民币570000 元。其中送给征地拆迁中心主任好处费人民币 220000 元,送给副主任好处费人民币 20000 元,送给项目负责人好处费人民币 150000

元,送给两名工作人员好处费人民币各 130000 元和 50000 元。蒙某在被刑事拘留期间,如实地向侦查机关供述其已被侦查机关掌握的向部分人员行贿的事实外,还主动交代了侦查机关尚未掌握的向征地拆迁中心主任、副主任及两名工作人员行贿的事实。鉴于蒙某归案后认罪态度好,有悔罪表现,积极配合侦查机关侦破案件,主动供述尚未被侦查机关掌握的其他大部分同种罪名的犯罪行为,对其适用缓刑没有再犯罪的危险。因此,决定对蒙某从轻处罚并适用缓刑。最终蒙某因犯行贿罪被判处有期徒刑三年,缓刑五年。

案例 102 中的征地拆迁中心是国家事业单位,受贿者是国家工作人员。蒙某挂靠 4 家正式建筑工程公司,没有相关的工程技术证书。正是这么一个资质不够的包工头,却能屡屡承包到大工程,这既是制度上的漏洞,也是蒙某通过金钱打通渠道的结果。通过挂靠承包工作,是建筑行业及其他领域较为常见的做法。如果被挂靠单位不加以认真审查,就会给资质严重不够的人提供了可乘之机。蒙某就是通过挂靠取得相应的资质,为承包工程提供了基础。蒙某在承包征地拆迁中心的工程时,多次送给征地拆迁中心领导及工作人员好处费人民币 570000 元。其中送给征地拆迁中心主任好处费人民币 220000 元,送给副主任好处费人民币 20000 元,送给项目负责人好处费人民币 150000 元,送给两名工作人员好处费人民币各 130000 元和 50000 元。蒙某行贿的目的是为了招揽工程和得到当地征地拆迁中心工作人员在工程验收过程中的关照,数额较大,已经符合行贿罪的构成要件,应当以行贿罪论处。无论建筑工程的规模是大是小,它的质量都会严重影响到老百姓的生命健康,也会影响到建筑维护的成本。有些包工头为了能获取尽可能多的利润,根本不管建筑的质量,从而导致严重的事故。而负责工程承包和验收的管理人员,应当提高警惕,避免包工头的行贿行为,使得工程能在公平、安全的环境下顺利进行。

案例 103：

黄某是一家知名广告公司的老板,该公司成立于 2004 年。为了进一步开展业务,黄某联系到当地的电视台,并认识了电视台的广告业务负责人林某。林某利用其主管电视台广告投放业务的决定权,帮助黄某的公司以较为优惠的价格获取了黄金时段的投放业务,使得黄某的公司在短时间内获得了行业内的竞争优势。为了感谢林某的大力帮助,黄某多次送钱和购物卡给林某,价值高达 160 万元,黄某主动到检察院投案自首。检察院以行贿罪拘留了黄老板。

案例 103 中的黄某身为一家知名广告公司的老板,承担着合法经营的责任。黄某为了开展业务,向电视台主管林某行贿,林某最终帮助黄某以低价在黄金时段投放广告,达到了宣传推广的目的,为黄老板的广告公司带来了巨大的利润。广告投放是一种市场行为,应当按照市场运行的规律公平公正地开展,稀缺的广告资源不能成为部分人牟取不正当利益的工具。黄某为了广告公司的发展,不惜向林某行贿,数额较大,已经符合行贿罪的构成要件,应当以行贿罪论处。

案例 104：

目前,药品市场比较混乱,部分医院成为医药代表销售药品的代理工具。孔某看中医药市场不透明带来的商机,决定进军这一领域。首先,他挂靠某医药集团推销药品,使自己的产品看起来更为高端、更为可靠。同时,孔某找到县人民医院的药剂科主任赵某,前后以药品提成款为名义共向她贿赂 46000 元。赵某拿到孔某的钱后,积极地帮助孔某销售各种药品,不惜伤害病人的利益。孔某看到赵某对自己的帮助,十分感动,时不时地给赵某一些提成款。两人的销售同盟关系正式成立。

案例 104 中的孔某看中医药市场不透明带来的商机,决定进军这一领域,成为一名地地道道的医药代表,挂靠某医药集团推销药品。药品直接关系到老百姓的身体健康,它不仅仅是一种有价格的商品,更多的带有公益性质。如果任由药品市场自行运行,就会出现假冒伪劣、以次充好、价格虚高等不良现象,最终影响老百姓的身体健康,影响社会稳定,危害不可谓不大。因此,我国对医疗机制、医药销售制度做出了较为严格的规定,尽可能减少奸商钻空子的机会。而孔某为了得到尽可能多的利润,无孔不入,找到药剂科主任赵某,并以药品提成款为名义共向她贿赂 46000 元, 从而使自己的药品违规销售。孔某的行贿数额较大,企图实现自己的不正当利益,已经符合行贿罪的构成要件,应当以行贿罪论处。

附录：

中华人民共和国刑法分则(节录)

第二编　分则

第一章　危害国家安全罪

第一百零二条　勾结外国,危害中华人民共和国的主权、领土完整和安全的,处无期徒刑或者十年以上有期徒刑。

与境外机构、组织、个人相勾结,犯前款罪的,依照前款的规定处罚。

第一百零三条　组织、策划、实施分裂国家、破坏国家统一的,对首要分子或者罪行重大的,处无期徒刑或者十年以上有期徒刑;对积极参加的,处三年以上十年以下有期徒刑;对其他参加的,处三年以下有期徒刑、拘役、管制或者剥夺政治权利。

煽动分裂国家、破坏国家统一的,处五年以下有期徒刑、拘役、管制或者剥夺政治权利;首要分子或者罪行重大的,处五年以上有期徒刑。

第一百零四条　组织、策划、实施武装叛乱或者武装暴乱的,对首要分子或者罪行重大的,处无期徒刑或者十年以上有期徒刑;对积极参加的,处三年以上十年以下有期徒刑;对其他参加的,处三年以下有期徒刑、拘役、管制或者剥夺政治权利。

策动、胁迫、勾引、收买国家机关工作人员、武装部队人员、人民警察、民兵进行武装叛乱或者武装暴乱的,依照前款的规定从重处罚。

第一百零五条 组织、策划、实施颠覆国家政权、推翻社会主义制度的,对首要分子或者罪行重大的,处无期徒刑或者十年以上有期徒刑;对积极参加的,处三年以上十年以下有期徒刑;对其他参加的,处三年以下有期徒刑、拘役、管制或者剥夺政治权利。

以造谣、诽谤或者其他方式煽动颠覆国家政权、推翻社会主义制度的,处五年以下有期徒刑、拘役、管制或者剥夺政治权利;首要分子或者罪行重大的,处五年以上有期徒刑。

第一百零六条 与境外机构、组织、个人相勾结,实施本章第一百零三条、第一百零四条、第一百零五条规定之罪的,依照各该条的规定从重处罚。

第一百零七条 境内外机构、组织或者个人资助实施本章第一百零二条、第一百零三条、第一百零四条、第一百零五条规定之罪的,对直接责任人员,处五年以下有期徒刑、拘役、管制或者剥夺政治权利;情节严重的,处五年以上有期徒刑。

第一百零八条 投敌叛变的,处三年以上十年以下有期徒刑;情节严重或者带领武装部队人员、人民警察、民兵投敌叛变的,处十年以上有期徒刑或者无期徒刑。

第一百零九条 国家机关工作人员在履行公务期间,擅离岗位,叛逃境外或者在境外叛逃的,处五年以下有期徒刑、拘役、管制或者剥夺政治权利;情节严重的,处五年以上十年以下有期徒刑。

掌握国家秘密的国家工作人员叛逃境外或者在境外叛逃的,依照前款的规定从重处罚。

第一百一十条 有下列间谍行为之一,危害国家安全的,处十年

以上有期徒刑或者无期徒刑;情节较轻的,处三年以上十年以下有期徒刑:

（一）参加间谍组织或者接受间谍组织及其代理人的任务的;

（二）为敌人指示轰击目标的。

第一百一十一条 为境外的机构、组织、人员窃取、刺探、收买、非法提供国家秘密或者情报的,处五年以上十年以下有期徒刑;情节特别严重的,处十年以上有期徒刑或者无期徒刑;情节较轻的,处五年以下有期徒刑、拘役、管制或者剥夺政治权利。

第一百一十二条 战时供给敌人武器装备、军用物资资敌的,处十年以上有期徒刑或者无期徒刑;情节较轻的,处三年以上十年以下有期徒刑。

第一百一十三条 本章上述危害国家安全罪行中,除第一百零三条第二款、第一百零五条、第一百零七条、第一百零九条外,对国家和人民危害特别严重、情节特别恶劣的,可以判处死刑。犯本章之罪的,可以并处没收财产。

第二章　危害公共安全罪

第一百一十四条 放火、决水、爆炸、投毒或者以其他危险方法破坏工厂、矿场、油田、港口、河流、水源、仓库、住宅、森林、农场、谷场、牧场、重要管道、公共建筑物或者其他公私财产,危害公共安全,尚未造成严重后果的,处三年以上十年以下有期徒刑。

第一百一十五条 放火、决水、爆炸、投毒或者以其他危险方法致人重伤、死亡或者使公私财产遭受重大损失的,处十年以上有期徒刑、无期徒刑或者死刑。

过失犯前款罪的,处三年以上七年以下有期徒刑;情节较轻的,处三年以下有期徒刑或者拘役。

第一百一十六条 破坏火车、汽车、电车、船只、航空器,足以使火车、汽车、电车、船只、航空器发生倾覆、毁坏危险,尚未造成严重后果的,处三年以上十年以下有期徒刑。

第一百一十七条 破坏轨道、桥梁、隧道、公路、机场、航道、灯塔、标志或者进行其他破坏活动,足以使火车、汽车、电车、船只、航空器发生倾覆、毁坏危险,尚未造成严重后果的,处三年以上十年以下有期徒刑。

第一百一十八条 破坏电力、燃气或者其他易燃易爆设备,危害公共安全,尚未造成严重后果的,处三年以上十年以下有期徒刑。

第一百一十九条 破坏交通工具、交通设施、电力设备、燃气设备、易燃易爆设备,造成严重后果的,处十年以上有期徒刑、无期徒刑或者死刑。

过失犯前款罪的,处三年以上七年以下有期徒刑;情节较轻的,处三年以下有期徒刑或者拘役。

第一百二十条 组织、领导和积极参加恐怖活动组织的,处三年以上十年以下有期徒刑;其他参加的,处三年以下有期徒刑、拘役或者管制。

犯前款罪并实施杀人、爆炸、绑架等犯罪的,依照数罪并罚的规定处罚。

第一百二十一条 以暴力、胁迫或者其他方法劫持航空器的,处十年以上有期徒刑或者无期徒刑;致人重伤、死亡或者使航空器遭受严重破坏的,处死刑。

第一百二十二条 以暴力、胁迫或者其他方法劫持船只、汽车的,处五年以上十年以下有期徒刑;造成严重后果的,处十年以上有期徒刑或者无期徒刑。

第一百二十三条 对飞行中的航空器上的人员使用暴力,危及飞行安全,尚未造成严重后果的,处五年以下有期徒刑或者拘役;造成严重后果的,处五年以上有期徒刑。

第一百二十四条 破坏广播电视设施、公用电信设施,危害公共安全的,处三年以上七年以下有期徒刑;造成严重后果的,处七年以上有期徒刑。

过失犯前款罪的,处三年以上七年以下有期徒刑;情节较轻的,处三年以下有期徒刑或者拘役。

第一百二十五条 非法制造、买卖、运输、邮寄、储存枪支、弹药、爆炸物的,处三年以上十年以下有期徒刑;情节严重的,处十年以上有期徒刑、无期徒刑或者死刑。

非法买卖、运输核材料的,依照前款的规定处罚。

单位犯前两款罪的,对单位判处罚金,并对其直接负责的主管人员和其他直接责任人员,依照第一款的规定处罚。

第一百二十六条 依法被指定、确定的枪支制造企业、销售企业,违反枪支管理规定,有下列行为之一的,对单位判处罚金,并对其直接负责的主管人员 和其他直接责任人员,处五年以下有期徒刑;情节严重的,处五年以上十年以下有期徒刑;情节特别严重的,处十年以上有期徒刑或者无期徒刑:

(一)以非法销售为目的,超过限额或者不按照规定的品种制造、配售枪支的;

(二)以非法销售为目的,制造无号、重号、假号的枪支的;

(三)非法销售枪支或者在境内销售为出口制造的枪支的。

第一百二十七条 盗窃、抢夺枪支、弹药、爆炸物的,处三年以上十年以下有期徒刑;情节严重的,处十年以上有期徒刑、无期徒刑或者死刑。

抢劫枪支、弹药、爆炸物或者盗窃、抢夺国家机关、军警人员、民兵的枪支、弹药、爆炸物的,处十年以上有期徒刑、无期徒刑或者死刑。

第一百二十八条 违反枪支管理规定,非法持有、私藏枪支、弹药的,处三年以下有期徒刑、拘役或者管制;情节严重的,处三年以上七年以下有期徒刑。

依法配备公务用枪的人员,非法出租、出借枪支的,依照前款的规定处罚。

依法配置枪支的人员,非法出租、出借枪支,造成严重后果的,依照第一款的规定处罚。

单位犯第二款、第三款罪的,对单位判处罚金,并对其直接负责的主管人员和其他直接责任人员,依照第一款的规定处罚。

第一百二十九条 依法配备公务用枪的人员,丢失枪支不及时报告,造成严重后果的,处三年以下有期徒刑或者拘役。

第一百三十条 非法携带枪支、弹药、管制刀具或者爆炸性、易燃性、放射性、毒害性、腐蚀性物品,进入公共场所或者公共交通工具,危及公共安全,情节严重的,处三年以下有期徒刑、拘役或者管制。

第一百三十一条 航空人员违反规章制度,致使发生重大飞行事故,造成严重后果的,处三年以下有期徒刑或者拘役;造成飞机坠毁或者人员死亡的,处三年以上七年以下有期徒刑。

第一百三十二条 铁路职工违反规章制度,致使发生铁路运营安全事故,造成严重后果的,处三年以下有期徒刑或者拘役;造成特别严重后果的,处三年以上七年以下有期徒刑。

第一百三十三条 违反交通运输管理法规,因而发生重大事故,致人重伤、死亡或者使公私财产遭受重大损失的,处三年以下有期徒刑或者拘役;交通运输肇事后逃逸或者有其他特别恶劣情节的,处三年以上七年以下有期徒刑;因逃逸致人死亡的,处七年以上有期徒刑。

在道路上驾驶机动车追逐竞驶,情节恶劣的,或者在道路上醉酒驾驶机动车的,处拘役,并处罚金。

有前款行为,同时构成其他犯罪的,依照处罚较重的规定定罪处罚。

第一百三十四条 在生产、作业中违反有关安全管理的规定,因而发生重大伤亡事故或者造成其他严重后果的,处三年以下有期徒刑或者拘役;情节特别恶劣的,处三年以上七年以下有期徒刑。

强令他人违章冒险作业,因而发生重大伤亡事故或者造成其他严重后果的,处五年以下有期徒刑或者拘役;情节特别恶劣的,处五年以上有期徒刑。

第一百三十五条 安全生产设施或者安全生产条件不符合国家规定,因而发生重大伤亡事故或者造成其他严重后果的,对直接负责的主管人员和其他直接责任人员,处三年以下有期徒刑或者拘役;情节特别恶劣的,处三年以上七年以下有期徒刑。

举办大型群众性活动违反安全管理规定,因而发生重大伤亡事故或者造成其他严重后果的,对直接负责的主管人员和其他直接责任人员,处三年以下有期徒刑或者拘役;情节特别恶劣的,处三年以上七年以下有期徒刑。

第一百三十六条 违反爆炸性、易燃性、放射性、毒害性、腐蚀性物品的管理规定,在生产、储存、运输、使用中发生重大事故,造成严重后果的,处三年以下有期徒刑或者拘役;后果特别严重的,处三年以上七年以下有期徒刑。

第一百三十七条 建设单位、设计单位、施工单位、工程监理单位违反国家规定,降低工程质量标准,造成重大安全事故的,对直接责任人员,处五年以下有期徒刑或者拘役,并处罚金;后果特别严重的,处五年以上十年以下有期徒刑,并处罚金。

第一百三十八条 明知校舍或者教育教学设施有危险,而不采取措施或者不及时报告,致使发生重大伤亡事故的,对直接责任人员,处三年以下有期徒刑或者拘役;后果特别严重的,处三年以上七年以下有期徒刑。

第一百三十九条 违反消防管理法规,经消防监督机构通知采取改正措施而拒绝执行,造成严重后果的,对直接责任人员,处三年以下有期徒刑或者拘役;后果特别严重的,处三年以上七年以下有期徒刑。

在安全事故发生后,负有报告职责的人员不报或者谎报事故情况,贻误事故抢救,情节严重的,处三年以下有期徒刑或者拘役;情节特别严重的,处三年以上七年以下有期徒刑。

第三章　破坏社会主义市场经济秩序罪

第一节　生产、销售伪劣商品罪

第一百四十条 生产者、销售者在产品中掺杂、掺假,以假充真,以次充好或者以不合格产品冒充合格产品,销售金额五万元以上不满二十万元的,处二年以下有期徒刑或者拘役,并处或者单处销售金额百分之五十以上二倍以下罚金;销售金额二十万元以上不满五十万元的,处二年以上七年以下有期徒刑,并处销售金额百分之五十以上二倍以下罚金;销售金额五十万元以上不满二百万元的,处七年以上有期徒刑,并处销售金额百分之五十以上二倍以下罚金;销售金额二百万元以上的,处十五年有期徒刑或者无期徒刑,并处销售金额百分之五十以上二倍以下罚金或者没收财产。

第一百四十一条 生产、销售假药的,处三年以下有期徒刑或者拘役,并处罚金;对人体健康造成严重危害或者有其他严重情节的,处三年以上十年以下有期徒刑,并处罚金;致人死亡或者有其他特别严重情节的,处十年以上有期徒刑、无期徒刑或者死刑,并处罚金或者没收财产。

本条所称假药,是指依照《中华人民共和国药品管理法》的规定属于假药和按假药处理的药品、非药品。

第一百四十二条 生产、销售劣药,对人体健康造成严重危害的,处三年以上十年以下有期徒刑,并处销售金额百分之五十以上二倍以下罚金;后果特别严重的,处十年以上有期徒刑或者无期徒刑,并处销售金额百分之五十以上二倍以下罚金或者没收财产。

本条所称劣药,是指依照《中华人民共和国药品管理法》的规定属于劣药的药品。

第一百四十三条 生产、销售不符合食品安全标准的食品,足以造成严重食物中毒事故或者其他严重食源性疾病的,处三年以下有期徒刑或者拘役,并处罚金;对人体健康造成严重危害或者有其他严重情节的,处三年以上七年以下有期徒刑,并处罚金;后果特别严重的,处七年以上有期徒刑或者无期徒刑,并处罚金或者没收财产。

第一百四十四条 在生产、销售的食品中掺入有毒、有害的非食品原料的,或者销售明知掺有有毒、有害的非食品原料的食品的,处五年以下有期徒刑,并处罚金;对人体健康造成严重危害或者有其他严重情节的,处五年以上十年以下有期徒刑,并处罚金;致人死亡或者有其他特别严重情节的,依照本法第一百四十一条的规定处罚。

第一百四十五条 生产不符合保障人体健康的国家标准、行业标准的医疗器械、医用卫生材料,或者销售明知是不符合保障人体健康的国家标准、行业标准的医疗器械、医用卫生材料,对人体健康造成严重危害的,处五年以下有期徒刑,并处销售金额百分之五十以上二倍以下罚金;后果特别严重的,处五年以上十年以下有期徒刑,并处销售金额百分之五十以上二倍以下罚金,其中情节特别恶劣的,处十年以上有期徒刑或者无期徒刑,并处销售金额百分之五十以上二倍以下罚金或者没收财产。

第一百四十六条 生产不符合保障人身、财产安全的国家标准、行业标准的电器、压力容器、易燃易爆产品或者其他不符合保障人身、财产安全的国家标 准、行业标准的产品，或者销售明知是以上不符合保障人身、财产安全的国家标准、行业标准的产品，造成严重后果的，处五年以下有期徒刑，并处销售金额百分之 五十以上二倍以下罚金；后果特别严重的，处五年以上有期徒刑，并处销售金额百分之五十以上二倍以下罚金。

第一百四十七条 生产假农药、假兽药、假化肥，销售明知是假的或者失去使用效能的农药、兽药、化肥、种子，或者生产者、销售者以不合格的农药、兽药、化肥、种子冒充合格的农药、兽药、化肥、种子，使生产遭受较大损失的，处三年以下有期徒刑或者拘役，并处或者单处销售金额百分之五十以上二倍以下罚 金；使生产遭受重大损失的，处三年以上七年以下有期徒刑，并处销售金额百分之五十以上二倍以下罚金；使生产遭受特别重大损失的，处七年以上有期徒刑或者无 期徒刑，并处销售金额百分之五十以上二倍以下罚金或者没收财产。

第一百四十八条 生产不符合卫生标准的化妆品，或者销售明知是不符合卫生标准的化妆品，造成严重后果的，处三年以下有期徒刑或者拘役，并处或者单处销售金额百分之五十以上二倍以下罚金。

第一百四十九条 生产、销售本节第一百四十一条至第一百四十八条所列产品，不构成各该条规定的犯罪，但是销售金额在五万元以上的，依照本节第一百四十条的规定定罪处罚。

生产、销售本节第一百四十一条至第一百四十八条所列产品，构成各该条规定的犯罪，同时又构成本节第一百四十条规定之罪的，依照处罚较重的规定定罪处罚。

第一百五十条 单位犯本节第一百四十条至第一百四十八条规定

之罪的,对单位判处罚金,并对其直接负责的主管人员和其他直接责任人员,依照各该条的规定处罚。

第二节　走私罪

第一百五十一条　走私武器、弹药、核材料或者伪造的货币的,处七年以上有期徒刑,并处罚金或者没收财产;情节特别严重的,处无期徒刑或者死刑,并处没收财产;情节较轻的,处三年以上七年以下有期徒刑,并处罚金。

走私国家禁止出口的文物、黄金、白银和其他贵重金属或者国家禁止进出口的珍贵动物及其制品的,处五年以上十年以下有期徒刑,并处罚金;情节特别严重的,处十年以上有期徒刑或者无期徒刑,并处没收财产;情节较轻的,处五年以下有期徒刑,并处罚金。

走私珍稀植物及其制品等国家禁止进出口的其他货物、物品的,处五年以下有期徒刑或者拘役,并处或者单处罚金;情节严重的,处五年以上有期徒刑,并处罚金。

单位犯本条规定之罪的,对单位判处罚金,并对其直接负责的主管人员和其他直接责任人员,依照本条各款的规定处罚。

第一百五十二条　以牟利或者传播为目的,走私淫秽的影片、录像带、录音带、图片、书刊或者其他淫秽物品的,处三年以上十年以下有期徒刑,并处罚金;情节严重的,处十年以上有期徒刑或者无期徒刑,并处罚金或者没收财产;情节较轻的,处三年以下有期徒刑、拘役或者管制,并处罚金。

单位犯前款罪的,对单位判处罚金,并对其直接负责的主管人员和其他直接责任人员,依照前款的规定处罚。

第一百五十三条　走私本法第一百五十一条、第一百五十二条、第三百四十七条规定以外的货物、物品的,根据情节轻重,分别依照下列规定处罚：

（一）走私货物、物品偷逃应缴税额较大或者一年内曾因走私被给予二次行政处罚后又走私的，处三年以下有期徒刑或者拘役，并处偷逃应缴税额一倍以上五倍以下罚金。

（二）走私货物、物品偷逃应缴税额巨大或者有其他严重情节的，处三年以上十年以下有期徒刑，并处偷逃应缴税额一倍以上五倍以下罚金。

（三）走私货物、物品偷逃应缴税额特别巨大或者有其他特别严重情节的，处十年以上有期徒刑或者无期徒刑，并处偷逃应缴税额一倍以上五倍以下罚金或者没收财产。

单位犯前款罪的，对单位判处罚金，并对其直接负责的主管人员和其他直接责任人员，处三年以下有期徒刑或者拘役；情节严重的，处三年以上十年以下有期徒刑；情节特别严重的，处十年以上有期徒刑。

对多次走私未经处理的，按照累计走私货物、物品的偷逃应缴税额处罚。

第一百五十四条 下列走私行为，根据本节规定构成犯罪的，依照本法第一百五十三条的规定定罪处罚：

（一）未经海关许可并且未补缴应缴税额，擅自将批准进口的来料加工、来件装配、补偿贸易的原材料、零件、制成品、设备等保税货物，在境内销售牟利的；

（二）未经海关许可并且未补缴应缴税额，擅自将特定减税、免税进口的货物、物品，在境内销售牟利的。

第一百五十五条 下列行为，以走私罪论处，依照本节的有关规定处罚：

（一）直接向走私人非法收购国家禁止进口物品的，或者直接向走私人非法收购走私进口的其他货物、物品，数额较大的；

（二）在内海、领海运输、收购、贩卖国家禁止进出口物品的，或者运输、收购、贩卖国家限制进出口货物、物品，数额较大，没有合法证明的；

（三）逃避海关监管将境外固体废物运输进境的。

第一百五十六条 与走私罪犯通谋，为其提供贷款、资金、账号、发票、证明，或者为其提供运输、保管、邮寄或者其他方便的，以走私罪的共犯论处。

第一百五十七条 武装掩护走私的，依照本法第一百五十一条第一款的规定从重处罚。

以暴力、威胁方法抗拒缉私的，以走私罪和本法第二百七十七条规定的阻碍国家机关工作人员依法执行职务罪，依照数罪并罚的规定处罚。

第三节 妨害对公司、企业的管理秩序罪

第一百五十八条 申请公司登记使用虚假证明文件或者采取其他欺诈手段虚报注册资本，欺骗公司登记主管部门，取得公司登记，虚报注册资本数额巨大、后果严重或者有其他严重情节的，处三年以下有期徒刑或者拘役，并处或者单处虚报注册资本金额百分之一以上百分之五以下罚金。

单位犯前款罪的，对单位判处罚金，并对其直接负责的主管人员和其他直接责任人员，处三年以下有期徒刑或者拘役。

第一百五十九条 公司发起人、股东违反公司法的规定未交付货币、实物或者未转移财产权，虚假出资，或者在公司成立后又抽逃其出资，数额巨大、后果严重或者有其他严重情节的，处五年以下有期徒刑或者拘役，并处或者单处虚假出资金额或者抽逃出资金额百分之二以上百分之十以下罚金。

单位犯前款罪的，对单位判处罚金，并对其直接负责的主管人员和

其他直接责任人员,处五年以下有期徒刑或者拘役。

第一百六十条 在招股说明书、认股书、公司、企业债券募集办法中隐瞒重要事实或者编造重大虚假内容,发行股票或者公司、企业债券,数额巨大、后果严重或者有其他严重情节的,处五年以下有期徒刑或者拘役,并处或者单处非法募集资金金额百分之一以上百分之五以下罚金。

单位犯前款罪的,对单位判处罚金,并对其直接负责的主管人员和其他直接责任人员,处五年以下有期徒刑或者拘役。

第一百六十一条 依法负有信息披露义务的公司、企业向股东和社会公众提供虚假的或者隐瞒重要事实的财务会计报告,或者对依法应当披露的其他重要 信息不按照规定披露,严重损害股东或者其他人利益,或者有其他严重情节的,对其直接负责的主管人员和其他直接责任人员,处三年以下有期徒刑或者拘役,并处 或者单处二万元以上二十万元以下罚金。

第一百六十二条 公司、企业进行清算时,隐匿财产,对资产负债表或者财产清单做虚伪记载或者在未清偿债务前分配公司、企业财产,严重损害债权人 或者其他人利益的,对其直接负责的主管人员和其他直接责任人员,处五年以下有期徒刑或者拘役,并处或者单处二万元以上二十万元以下罚金。

公司、企业通过隐匿财产、承担虚构的债务或者以其他方法转移、处分财产,实施虚假破产,严重损害债权人或者其他人利益的,对其直接负责的主管人员和其他直接责任人员,处五年以下有期徒刑或者拘役,并处或者单处二万元以上二十万元以下罚金。

隐匿或者故意销毁依法应当保存的会计凭证、会计账簿、财务会计报告,情节严重的,处五年以下有期徒刑或者拘役,并处或者单处二万元以上二十万元以下罚金。

单位犯前款罪的,对单位判处罚金,并对其直接负责的主管人员和其他直接责任人员,依照前款的规定处罚。

第一百六十三条 公司、企业或者其他单位的工作人员利用职务上的便利,索取他人财物或者非法收受他人财物,为他人谋取利益,数额较大的,处五年以下有期徒刑或者拘役;数额巨大的,处五年以上有期徒刑,可以并处没收财产。

公司、企业或者其他单位的工作人员在经济往来中,利用职务上的便利,违反国家规定,收受各种名义的回扣、手续费,归个人所有的,依照前款的规定处罚。

国有公司、企业或者其他国有单位中从事公务的人员和国有公司、企业或者其他国有单位委派到非国有公司、企业以及其他单位从事公务的人员有前两款行为的,依照本法第三百八十五条、第三百八十六条的规定定罪处罚。

第一百六十四条 为谋取不正当利益,给予公司、企业或者其他单位的工作人员以财物,数额较大的,处三年以下有期徒刑或者拘役;数额巨大的,处三年以上十年以下有期徒刑,并处罚金。

为谋取不正当商业利益,给予外国公职人员或者国际公共组织官员以财物的,依照前款的规定处罚。

单位犯前两款罪的,对单位判处罚金,并对其直接负责的主管人员和其他直接责任人员,依照第一款的规定处罚。

行贿人在被追诉前主动交代行贿行为的,可以减轻处罚或者免除处罚。

第一百六十五条 国有公司、企业的董事、经理利用职务便利,自己经营或者为他人经营与其所任职公司、企业同类的营业,获取非法利益,数额巨大的,处三年以下有期徒刑或者拘役,并处或者单处罚金;数额特别巨大的,处三年以上七年以下有期徒刑,并处罚金。

第一百六十六条 国有公司、企业、事业单位的工作人员,利用职务便利,有下列情形之一,使国家利益遭受重大损失的,处三年以下有期徒刑或者拘役,并处或者单处罚金;致使国家利益遭受特别重大损失的,处三年以上七年以下有期徒刑,并处罚金:

(一)将本单位的盈利业务交由自己的亲友进行经营的;

(二)以明显高于市场的价格向自己的亲友经营管理的单位采购商品或者以明显低于市场的价格向自己的亲友经营管理的单位销售商品的;

(三)向自己的亲友经营管理的单位采购不合格商品的。

第一百六十七条 国有公司、企业、事业单位直接负责的主管人员,在签订、履行合同过程中,因严重不负责任被诈骗,致使国家利益遭受重大损失的,处三年以下有期徒刑或者拘役;致使国家利益遭受特别重大损失的,处三年以上七年以下有期徒刑。

第一百六十八条 国有公司、企业的工作人员,由于严重不负责任或者滥用职权,造成国有公司、企业破产或者严重损失,致使国家利益遭受重大损失的,处三年以下有期徒刑或者拘役;致使国家利益遭受特别重大损失的,处三年以上七年以下有期徒刑。

国有事业单位的工作人员有前款行为,致使国家利益遭受重大损失的,依照前款的规定处罚。

国有公司、企业、事业单位的工作人员,徇私舞弊,犯前两款罪的,依照第一款的规定从重处罚。

第一百六十九条 国有公司、企业或者其上级主管部门直接负责的主管人员,徇私舞弊,将国有资产低价折股或者低价出售,致使国家利益遭受重大损失的,处三年以下有期徒刑或者拘役;致使国家利益遭受特别重大损失的,处三年以上七年以下有期徒刑。

上市公司的董事、监事、高级管理人员违背对公司的忠实义务,利用职务便利,操纵上市公司从事下列行为之一,致使上市公司利益遭受重大损失的,处三年以下有期徒刑或者拘役,并处或者单处罚金;致使上市公司利益遭受特别重大损失的,处三年以上七年以下有期徒刑,并处罚金:

(一)无偿向其他单位或者个人提供资金、商品、服务或者其他资产的;

(二)以明显不公平的条件,提供或者接受资金、商品、服务或者其他资产的;

(三)向明显不具有清偿能力的单位或者个人提供资金、商品、服务或者其他资产的;

(四)为明显不具有清偿能力的单位或者个人提供担保,或者无正当理由为其他单位或者个人提供担保的;

(五)无正当理由放弃债权、承担债务的;

(六)采用其他方式损害上市公司利益的。

上市公司的控股股东或者实际控制人,指使上市公司董事、监事、高级管理人员实施前款行为的,依照前款的规定处罚。

犯前款罪的上市公司的控股股东或者实际控制人是单位的,对单位判处罚金,并对其直接负责的主管人员和其他直接责任人员,依照第一款的规定处罚。

第四节　破坏金融管理秩序罪

第一百七十条　伪造货币的,处三年以上十年以下有期徒刑,并处五万元以上五十万元以下罚金;有下列情形之一的,处十年以上有期徒刑、无期徒刑或者死刑,并处五万元以上五十万元以下罚金或者没收财产:

(一)伪造货币集团的首要分子;

（二）伪造货币数额特别巨大的；

（三）有其他特别严重情节的。

第一百七十一条　出售、购买伪造的货币或者明知是伪造的货币而运输，数额较大的，处三年以下有期徒刑或者拘役，并处二万元以上二十万元以下罚金；数额巨大的，处三年以上十年以下有期徒刑，并处五万元以上五十万元以下罚金；数额特别巨大的，处十年以上有期徒刑或者无期徒刑，并处五万元以上五十万元以下罚金或者没收财产。

银行或者其他金融机构的工作人员购买伪造的货币或者利用职务上的便利，以伪造的货币换取货币的，处三年以上十年以下有期徒刑，并处二万元以上二十万元以下罚金；数额巨大或者有其他严重情节的，处十年以上有期徒刑或者无期徒刑，并处二万元以上二十万元以下罚金或者没收财产；情节较轻的，处三年以下有期徒刑或者拘役，并处或者单处一万元以上十万元以下罚金。

伪造货币并出售或者运输伪造的货币的，依照本法第一百七十条的规定定罪从重处罚。

第一百七十二条　明知是伪造的货币而持有、使用，数额较大的，处三年以下有期徒刑或者拘役，并处或者单处一万元以上十万元以下罚金；数额巨大的，处三年以上十年以下有期徒刑，并处二万元以上二十万元以下罚金；数额特别巨大的，处十年以上有期徒刑，并处五万元以上五十万元以下罚金或者没收财产。

第一百七十三条　变造货币，数额较大的，处三年以下有期徒刑或者拘役，并处或者单处一万元以上十万元以下罚金；数额巨大的，处三年以上十年以下有期徒刑，并处二万元以上二十万元以下罚金。

第一百七十四条　未经中国人民银行批准，擅自设立商业银行或者其他金融机构的，处三年以下有期徒刑或者拘役，并处或者单处二万元以上二十万元以下罚金；情节严重的，处三年以上十年以下有期徒刑,并处五万元以上五十万元以下罚金。

伪造、变造、转让商业银行或者其他金融机构经营许可证的,依照前款的规定处罚。

单位犯前两款罪的,对单位判处罚金,并对其直接负责的主管人员和其他直接责任人员,依照第一款的规定处罚。

第一百七十五条 以转贷牟利为目的,套取金融机构信贷资金高利转贷他人,违法所得数额较大的,处三年以下有期徒刑或者拘役,并处违法所得一倍以上五倍以下罚金;数额巨大的,处三年以上七年以下有期徒刑,并处违法所得一倍以上五倍以下罚金。

单位犯前款罪的,对单位判处罚金,并对其直接负责的主管人员和其他直接责任人员,处三年以下有期徒刑或者拘役。

以欺骗手段取得银行或者其他金融机构贷款、票据承兑、信用证、保函等,给银行或者其他金融机构造成重大损失或者有其他严重情节的,处三年以下有 期徒刑或者拘役,并处或者单处罚金;给银行或者其他金融机构造成特别重大损失或者有其他特别严重情节的, 处三年以上七年以下有期徒刑,并处罚金。

单位犯前款罪的,对单位判处罚金,并对其直接负责的主管人员和其他直接责任人员,依照前款的规定处罚。

第一百七十六条 非法吸收公众存款或者变相吸收公众存款,扰乱金融秩序的,处三年以下有期徒刑或者拘役,并处或者单处二万元以上二十万元以下罚金;数额巨大或者有其他严重情节的,处三年以上十年以下有期徒刑,并处五万元以上五十万元以下罚金。

单位犯前款罪的,对单位判处罚金,并对其直接负责的主管人员和其他直接责任人员,依照前款的规定处罚。

第一百七十七条 有下列情形之一,伪造、变造金融票证的,处五年以下有期徒刑或者拘役, 并处或者单处二万元以上二十万元以下罚金;情节严重的,处五年以上十年以下有期徒刑,并处五万元以上五十万元以下罚金;情节特别严重的,处十年以上有期徒刑或者无期徒刑,并处五万元以上五十万元以下罚金或者没收财产:

(一)伪造、变造汇票、本票、支票的;

(二)伪造、变造委托收款凭证、汇款凭证、银行存单等其他银行结算凭证的;

(三)伪造、变造信用证或者附随的单据、文件的;

(四)伪造信用卡的。

单位犯前款罪的,对单位判处罚金,并对其直接负责的主管人员和其他直接责任人员,依照前款的规定处罚。

有下列情形之一,妨害信用卡管理的,处三年以下有期徒刑或者拘役,并处或者单处一万元以上十万元以下罚金;数量巨大或者有其他严重情节的,处三年以上十年以下有期徒刑,并处二万元以上二十万元以下罚金:

(一)明知是伪造的信用卡而持有、运输的,或者明知是伪造的空白信用卡而持有、运输,数量较大的;

(二)非法持有他人信用卡,数量较大的;

(三)使用虚假的身份证明骗领信用卡的;

(四)出售、购买、为他人提供伪造的信用卡或者以虚假的身份证明骗领的信用卡的。

窃取、收买或者非法提供他人信用卡信息资料的,依照前款规定处罚。

银行或者其他金融机构的工作人员利用职务上的便利,犯第二款罪的,从重处罚。

第一百七十八条 伪造、变造国库券或者国家发行的其他有价证券,数额较大的,处三年以下有期徒刑或者拘役,并处或者单处二万元

以上二十万元以下 罚金；数额巨大的，处三年以上十年以下有期徒刑，并处五万元以上五十万元以下罚金；数额特别巨大的，处十年以上有期徒刑或者无期徒刑，并处五万元以上五十 万元以下罚金或者没收财产。

伪造、变造股票或者公司、企业债券，数额较大的，处三年以下有期徒刑或者拘役，并处或者单处一万元以上十万元以下罚金；数额巨大的，处三年以上十年以下有期徒刑，并处二万元以上二十万元以下罚金。

单位犯前两款罪的，对单位判处罚金，并对其直接负责的主管人员和其他直接责任人员，依照前两款的规定处罚。

第一百七十九条 未经国家有关主管部门批准，擅自发行股票或者公司、企业债券，数额巨大、后果严重或者有其他严重情节的，处五年以下有期徒刑或者拘役，并处或者单处非法募集资金金额百分之一以上百分之五以下罚金。

单位犯前款罪的，对单位判处罚金，并对其直接负责的主管人员和其他直接责任人员，处五年以下有期徒刑或者拘役。

第一百八十条 证券、期货交易内幕信息的知情人员或者非法获取证券、期货交易内幕信息的人员，在涉及证券的发行，证券、期货交易或者其他对证 券、期货交易价格有重大影响的信息尚未公开前，买入或者卖出该证券，或者从事与该内幕信息有关的期货交易，或者泄露该信息，或者明示、暗示他人从事上述交 易活动，情节严重的，处五年以下有期徒刑或者拘役，并处或者单处违法所得一倍以上五倍以下罚金；情节特别严重的，处五年以上十年以下有期徒刑，并处违法所 得一倍以上五倍以下罚金。

单位犯前款罪的，对单位判处罚金，并对其直接负责的主管人员和其他直接责任人员，处五年以下有期徒刑或者拘役。

内幕信息的范围,依照法律、行政法规的规定确定。

知情人员的范围,依照法律、行政法规的规定确定。

证券交易所、期货交易所、证券公司、期货经纪公司、基金管理公司、商业银行、保险公司等金融机构的从业人员以及有关监管部门或者行业协会的工作人员,利用因职务便利获取的内幕信息以外的其他未公开的信息,违反规定,从事与该信息相关的证券、期货交易活动,或者明示、暗示他人从事相关交易活动,情节严重的,依照第一款的规定处罚。

第一百八十一条 编造并且传播影响证券交易的虚假信息,扰乱证券交易市场,造成严重后果的,处五年以下有期徒刑或者拘役,并处或者单处一万元以上十万元以下罚金。

证券交易所、证券公司的从业人员,证券业协会或者证券管理部门的工作人员,故意提供虚假信息或者伪造、变造、销毁交易记录,诱骗投资者买卖证券,造成严重后果的,处五年以下有期徒刑或者拘役,并处或者单处一万元以上十万元以下罚金;情节特别恶劣的,处五年以上十年以下有期徒刑,并处二万元以上二十万元以下罚金。

单位犯前两款罪的,对单位判处罚金,并对其直接负责的主管人员和其他直接责任人员,处五年以下有期徒刑或者拘役。

第一百八十二条 有下列情形之一,操纵证券、期货市场,情节严重的,处五年以下有期徒刑或者拘役,并处或者单处罚金;情节特别严重的,处五年以上十年以下有期徒刑,并处罚金:

(一)单独或者合谋,集中资金优势、持股或者持仓优势或者利用信息优势联合或者连续买卖,操纵证券、期货交易价格或者证券、期货交易量的;

(二)与他人串通,以事先约定的时间、价格和方式相互进行证券、期货交易,影响证券、期货交易价格或者证券、期货交易量的;

（三）在自己实际控制的账户之间进行证券交易，或者以自己为交易对象，自买自卖期货合约，影响证券、期货交易价格或者证券、期货交易量的；

（四）以其他方法操纵证券、期货市场的。

单位犯前款罪的，对单位判处罚金，并对其直接负责的主管人员和其他直接责任人员，依照前款的规定处罚。

第一百八十三条 保险公司的工作人员利用职务上的便利，故意编造未曾发生的保险事故进行虚假理赔，骗取保险金归自己所有的，依照本法第二百七十一条的规定定罪处罚。

国有保险公司工作人员和国有保险公司委派到非国有保险公司从事公务的人员有前款行为的，依照本法第三百八十二条、第三百八十三条的规定定罪处罚。

第一百八十四条 银行或者其他金融机构的工作人员在金融业务活动中索取他人财物或者非法收受他人财物，为他人谋取利益的，或者违反国家规定，收受各种名义的回扣、手续费，归个人所有的，依照本法第一百六十三条的规定定罪处罚。

国有金融机构工作人员和国有金融机构委派到非国有金融机构从事公务的人员有前款行为的，依照本法第三百八十五条、第三百八十六条的规定定罪处罚。

第一百八十五条 银行或者其他金融机构的工作人员利用职务上的便利，挪用本单位或者客户资金的，依照本法第二百七十二条的规定定罪处罚。

国有金融机构工作人员和国有金融机构委派到非国有金融机构从事公务的人员有前款行为的，依照本法第三百八十四条的规定定罪处罚。

商业银行、证券交易所、期货交易所、证券公司、期货经纪公司、保险公司或者其他金融机构,违背受托义务,擅自运用客户资金或者其他委托、信托的财产,情节严重的,对单位判处罚金,并对其直接负责的主管人员和其他直接责任人员,处三年以下有期徒刑或者拘役,并处三万元以上三十万元以下罚金;情节特别严重的,处三年以上十年以下有期徒刑,并处五万元以上五十万元以下罚金。

社会保障基金管理机构、住房公积金管理机构等公众资金管理机构,以及保险公司、保险资产管理公司、证券投资基金管理公司,违反国家规定运用资金的,对其直接负责的主管人员和其他直接责任人员,依照前款的规定处罚。

第一百八十六条 银行或者其他金融机构的工作人员违反国家规定发放贷款,数额巨大或者造成重大损失的,处五年以下有期徒刑或者拘役,并处一万元以上十万元以下罚金;数额特别巨大或者造成特别重大损失的,处五年以上有期徒刑,并处二万元以上二十万元以下罚金。

"银行或者其他金融机构的工作人员违反国家规定,向关系人发放贷款的,依照前款的规定从重处罚。"

单位犯前两款罪的,对单位判处罚金,并对其直接负责的主管人员和其他直接责任人员,依照前两款的规定处罚。

关系人的范围,依照《中华人民共和国商业银行法》和有关金融法规确定。

第一百八十七条 银行或者其他金融机构的工作人员吸收客户资金不入账,数额巨大或者造成重大损失的,处五年以下有期徒刑或者拘役,并处二万元以上二十万元以下罚金;数额特别巨大或者造成特别重大损失的,处五年以上有期徒刑,并处五万元以上五十万元以下罚金。

单位犯前款罪的,对单位判处罚金,并对其直接负责的主管人员和其他直接责任人员,依照前款的规定处罚。

第一百八十八条 银行或者其他金融机构的工作人员违反规定,

为他人出具信用证或者其他保函、票据、存单、资信证明,情节严重的,处五年以下有期徒刑或者拘役;情节特别严重的,处五年以上有期徒刑。

单位犯前款罪的,对单位判处罚金,并对其直接负责的主管人员和其他直接责任人员,依照前款的规定处罚。

第一百八十九条 银行或者其他金融机构的工作人员在票据业务中,对违反票据法规定的票据予以承兑、付款或者保证,造成重大损失的,处五年以下有期徒刑或者拘役;造成特别重大损失的,处五年以上有期徒刑。

单位犯前款罪的,对单位判处罚金,并对其直接负责的主管人员和其他直接责任人员,依照前款的规定处罚。

第一百九十条 国有公司、企业或者其他国有单位,违反国家规定,擅自将外汇存放境外,或者将境内的外汇非法转移到境外,情节严重的,对单位判处罚金,并对其直接负责的主管人员和其他直接责任人员,处五年以下有期徒刑或者拘役。

第一百九十一条 明知是毒品犯罪、黑社会性质的组织犯罪、恐怖活动犯罪、走私犯罪、贪污贿赂犯罪、破坏金融管理秩序犯罪、金融诈骗犯罪的所得及其产生的收益,为掩饰、隐瞒其来源和性质,有下列行为之一的,没收实施以上犯罪的所得及其产生的收益,处五年以下有期徒刑或者拘役,并处或者单处洗钱数额百分之五以上百分之二十以下罚金;情节严重的,处五年以上十年以下有期徒刑,并处洗钱数额百分之五以上百分之二十以下罚金:

(一)提供资金账户的;

(二)协助将财产转换为现金、金融票据、有价证券的;

(三)通过转账或者其他结算方式协助资金转移的;

(四)协助将资金汇往境外的;

（五）以其他方法掩饰、隐瞒犯罪所得及其收益的来源和性质的。

单位犯前款罪的，对单位判处罚金，并对其直接负责的主管人员和其他直接责任人员，处五年以下有期徒刑或者拘役。

第五节　金融诈骗罪

第一百九十二条　以非法占有为目的，使用诈骗方法非法集资，数额较大的，处五年以下有期徒刑或者拘役，并处二万元以上二十万元以下罚金；数额巨大或者有其他严重情节的，处五年以上十年以下有期徒刑，并处五万元以上五十万元以下罚金；数额特别巨大或者有其他特别严重情节的，处十年以上有期徒刑或者无期徒刑，并处五万元以上五十万元以下罚金或者没收财产。

第一百九十三条　有下列情形之一，以非法占有为目的，诈骗银行或者其他金融机构的贷款，数额较大的，处五年以下有期徒刑或者拘役，并处二万元以上二十万元以下罚金；数额巨大或者有其他严重情节的，处五年以上十年以下有期徒刑，并处五万元以上五十万元以下罚金；数额特别巨大或者有其他特别严重情节的，处十年以上有期徒刑或者无期徒刑，并处五万元以上五十万元以下罚金或者没收财产：

（一）编造引进资金、项目等虚假理由的；

（二）使用虚假的经济合同的；

（三）使用虚假的证明文件的；

（四）使用虚假的产权证明作担保或者超出抵押物价值重复担保的；

（五）以其他方法诈骗贷款的。

第一百九十四条　有下列情形之一，进行金融票据诈骗活动，数额较大的，处五年以下有期徒刑或者拘役，并处二万元以上二十万元以下罚金；数额巨大或者有其他严重情节的，处五年以上十年以下有期徒刑,并处五万元以上五十万元以下罚金;数额特别巨大或者有其他特别严重情节的,处十年以上有期徒刑或者无期徒刑,并处五万元以上五十万元以下罚金或者没收财产:

（一）明知是伪造、变造的汇票、本票、支票而使用的;

（二）明知是作废的汇票、本票、支票而使用的;

（三）冒用他人的汇票、本票、支票的;

（四）签发空头支票或者与其预留印鉴不符的支票,骗取财物的;

（五）汇票、本票的出票人签发无资金保证的汇票、本票或者在出票时作虚假记载,骗取财物的。

使用伪造、变造的委托收款凭证、汇款凭证、银行存单等其他银行结算凭证的,依照前款的规定处罚。

第一百九十五条 有下列情形之一,进行信用证诈骗活动的,处五年以下有期徒刑或者拘役,并处二万元以上二十万元以下罚金;数额巨大或者有其他严重情节的,处五年以上十年以下有期徒刑,并处五万元以上五十万元以下罚金;数额特别巨大或者有其他特别严重情节的,处十年以上有期徒刑或者无期徒刑,并处五万元以上五十万元以下罚金或者没收财产:

（一）使用伪造、变造的信用证或者附随的单据、文件的;

（二）使用作废的信用证的;

（三）骗取信用证的;

（四）以其他方法进行信用证诈骗活动的。

第一百九十六条 有下列情形之一,进行信用卡诈骗活动,数额较大的,处五年以下有期徒刑或者拘役,并处二万元以上二十万元以下罚金;数额巨大或者有其他严重情节的,处五年以上十年以下有期徒刑,并处五万元以上五十万元以下罚金;数额特别巨大或者有其他特别严重情节的,处十年以上有期徒刑或者无期徒刑,并处五万元以上五十万元以下罚金或者没收财产：

（一）使用伪造的信用卡，或者使用以虚假的身份证明骗领的信用卡的；

（二）使用作废的信用卡的；

（三）冒用他人信用卡的；

（四）恶意透支的。

前款所称恶意透支，是指持卡人以非法占有为目的，超过规定限额或者规定期限透支，并且经发卡银行催收后仍不归还的行为。

盗窃信用卡并使用的，依照本法第二百六十四条的规定定罪处罚。

第一百九十七条 使用伪造、变造的国库券或者国家发行的其他有价证券，进行诈骗活动，数额较大的，处五年以下有期徒刑或者拘役，并处二万元以上 二十万元以下罚金；数额巨大或者有其他严重情节的，处五年以上十年以下有期徒刑，并处五万元以上五十万元以下罚金；数额特别巨大或者有其他特别严重情节 的，处十年以上有期徒刑或者无期徒刑，并处五万元以上五十万元以下罚金或者没收财产。

第一百九十八条 有下列情形之一，进行保险诈骗活动，数额较大的，处五年以下有期徒刑或者拘役，并处一万元以上十万元以下罚金；数额巨大或者有 其他严重情节的，处五年以上十年以下有期徒刑，并处二万元以上二十万元以下罚金；数额特别巨大或者有其他特别严重情节的，处十年以上有期徒刑，并处二万元 以上二十万元以下罚金或者没收财产：

（一）投保人故意虚构保险标的，骗取保险金的；

（二）投保人、被保险人或者受益人对发生的保险事故编造虚假的原因或者夸大损失的程度，骗取保险金的；

（三）投保人、被保险人或者受益人编造未曾发生的保险事故，骗取保险金的；

（四）投保人、被保险人故意造成财产损失的保险事故，骗取保险金的；

（五）投保人、受益人故意造成被保险人死亡、伤残或者疾病，骗取保险金的。

有前款第四项、第五项所列行为，同时构成其他犯罪的，依照数罪并罚的规定处罚。

单位犯第一款罪的，对单位判处罚金，并对其直接负责的主管人员和其他直接责任人员，处五年以下有期徒刑或者拘役；数额巨大或者有其他严重情节的，处五年以上十年以下有期徒刑；数额特别巨大或者有其他特别严重情节的，处十年以上有期徒刑。

保险事故的鉴定人、证明人、财产评估人故意提供虚假的证明文件，为他人诈骗提供条件的，以保险诈骗的共犯论处。

第一百九十九条 犯本节第一百九十二条规定之罪，数额特别巨大并且给国家和人民利益造成特别重大损失的，处无期徒刑或者死刑，并处没收财产。

第二百条 单位犯本节第一百九十二条、第一百九十四条、第一百九十五条规定之罪的，对单位判处罚金，并对其直接负责的主管人员和其他直接责任人员，处五年以下有期徒刑或者拘役，可以并处罚金；数额巨大或者有其他严重情节的，处五年以上十年以下有期徒刑，并处罚金；数额特别巨大或者有其他特别严重情节的，处十年以上有期徒刑或者无期徒刑，并处罚金。

第六节 危害税收征管罪

第二百零一条 纳税人采取欺骗、隐瞒手段进行虚假纳税申报或者不申报，逃避缴纳税款数额较大并且占应纳税额百分之十以上的，处三年以下有期徒刑或者拘役，并处罚金；数额巨大并且占应纳税额百分之三十以上的,处三年以上七年以下有期徒刑,并处罚金。

扣缴义务人采取前款所列手段,不缴或者少缴已扣、已收税款,数额较大的,依照前款的规定处罚。

对多次实施前两款行为,未经处理的,按照累计数额计算。

有第一款行为,经税务机关依法下达追缴通知后,补缴应纳税款,缴纳滞纳金,已受行政处罚的,不予追究刑事责任;但是,五年内因逃避缴纳税款受过刑事处罚或者被税务机关给予二次以上行政处罚的除外。

第二百零二条 以暴力、威胁方法拒不缴纳税款的,处三年以下有期徒刑或者拘役,并处拒缴税款一倍以上五倍以下罚金;情节严重的,处三年以上七年以下有期徒刑,并处拒缴税款一倍以上五倍以下罚金。

第二百零三条 纳税人欠缴应纳税款,采取转移或者隐匿财产的手段,致使税务机关无法追缴欠缴的税款,数额在一万元以上不满十万元的,处三年以下 有期徒刑或者拘役,并处或者单处欠缴税款一倍以上五倍以下罚金;数额在十万元以上的,处三年以上七年以下有期徒刑,并处欠缴税款一倍以上五倍以下罚金。

第二百零四条 以假报出口或者其他欺骗手段,骗取国家出口退税款,数额较大的,处五年以下有期徒刑或者拘役,并处骗取税款一倍以上五倍以下罚 金;数额巨大或者有其他严重情节的,处五年以上十年以下有期徒刑,并处骗取税款一倍以上五倍以下罚金;数额特别巨大或者有其他特别严重情节的, 处十年以上 有期徒刑或者无期徒刑,并处骗取税款一倍以上五倍以下罚金或者没收财产。

纳税人缴纳税款后,采取前款规定的欺骗方法,骗取所缴纳的税款的,依照本法第二百零一条的规定定罪处罚;骗取税款超过所缴纳的税款部分,依照前款的规定处罚。

第二百零五条 虚开增值税专用发票或者虚开用于骗取出口退

税、抵扣税款的其他发票的,处三年以下有期徒刑或者拘役,并处二万元以上二十万元以下 罚金;虚开的税款数额较大或者有其他严重情节的,处三年以上十年以下有期徒刑,并处五万元以上五十万元以下罚金;虚开的税款数额巨大或者有其他特别严重情 节的,处十年以上有期徒刑或者无期徒刑,并处五万元以上五十万元以下罚金或者没收财产。

单位犯本条规定之罪的,对单位判处罚金,并对其直接负 责的主管人员和其他直接责任人员,处三年以下有期徒刑或者拘役;虚开的税款数额较大或者有其他严重情节的,处三年以上十年以下有期徒刑;虚开的税款数额巨 大或者有其他特别严重情节的,处十年以上有期徒刑或者无期徒刑。

虚开增值税专用发票或者虚开用于骗取出口退税、抵扣税款的其他发票,是指有为他人虚开、为自己虚开、让他人为自己虚开、介绍他人虚开行为之一的。

虚开本法第二百零五条规定以外的其他发票,情节严重的,处二年以下有期徒刑、拘役或者管制,并处罚金;情节特别严重的,处二年以上七年以下有期徒刑,并处罚金。

单位犯前款罪的,对单位判处罚金,并对其直接负责的主管人员和其他直接责任人员,依照前款的规定处罚。

第二百零六条 伪造或者出售伪造的增值税专用发票的,处三年以下有期徒刑、拘役或者管制,并处二万元以上二十万元以下罚金;数量较大或者有其他 严重情节的,处三年以上十年以下有期徒刑,并处五万元以上五十万元以下罚金;数量巨大或者有其他特别严重情节的,处十年以上有期徒刑或者无期徒刑,并处五 万元以上五十万元以下罚金或者没收财产。

单位犯本条规定之罪的,对单位判处罚金,并对其直接负责的主管人员和其他直接责任人员,处三年以下有期徒刑、拘役或者管制;数量较大或者有其他严重情节的,处三年以上十年以下有期徒刑;数量巨大或者有其他特别严重情节的,处十年以上有期徒刑或者无期徒刑。

第二百零七条 非法出售增值税专用发票的,处三年以下有期徒刑、拘役或者管制,并处二万元以上二十万元以下罚金;数量较大的,处三年以上十年以下有期徒刑,并处五万元以上五十万元以下罚金;数量巨大的,处十年以上有期徒刑或者无期徒刑,并处五万元以上五十万元以下罚金或者没收财产。

第二百零八条 非法购买增值税专用发票或者购买伪造的增值税专用发票的,处五年以下有期徒刑或者拘役,并处或者单处二万元以上二十万元以下罚金。

非法购买增值税专用发票或者购买伪造的增值税专用发票又虚开或者出售的,分别依照本法第二百零五条、第二百零六条、第二百零七条的规定定罪处罚。

第二百零九条 伪造、擅自制造或者出售伪造、擅自制造的可以用于骗取出口退税、抵扣税款的其他发票的,处三年以下有期徒刑、拘役或者管制,并处二万元以上二十万元以下罚金;数量巨大的,处三年以上七年以下有期徒刑,并处五万元以上五十万元以下罚金;数量特别巨大的,处七年以上有期徒刑,并处五万元以上五十万元以下罚金或者没收财产。

伪造、擅自制造或者出售伪造、擅自制造的前款规定以外的其他发票的,处二年以下有期徒刑、拘役或者管制,并处或者单处一万元以上五万元以下罚金;情节严重的,处二年以上七年以下有期徒刑,并处五万元以上五十万元以下罚金。

非法出售可以用于骗取出口退税、抵扣税款的其他发票的,依照第一款的规定处罚。

非法出售第三款规定以外的其他发票的,依照第二款的规定处罚。

第二百一十条 盗窃增值税专用发票或者可以用于骗取出口退税、抵扣税款的其他发票的,依照本法第二百六十四条的规定定罪处罚。

使用欺骗手段骗取增值税专用发票或者可以用于骗取出口退税、抵扣税款的其他发票的,依照本法第二百六十六条的规定定罪处罚。

明知是伪造的发票而持有,数量较大的,处二年以下有期徒刑、拘役或者管制,并处罚金;数量巨大的,处二年以上七年以下有期徒刑,并处罚金。

单位犯前款罪的,对单位判处罚金,并对其直接负责的主管人员和其他直接责任人员,依照前款的规定处罚。

第二百一十一条 单位犯本节第二百零一条、第二百零三条、第二百零四条、第二百零七条、第二百零八条、第二百零九条规定之罪的,对单位判处罚金,并对其直接负责的主管人员和其他直接责任人员,依照各该条的规定处罚。

第二百一十二条 犯本节第二百零一条至第二百零五条规定之罪,被判处罚金、没收财产的,在执行前,应当先由税务机关追缴税款和所骗取的出口退税款。

第七节　侵犯知识产权罪

第二百一十三条 未经注册商标所有人许可,在同一种商品上使用与其注册商标相同的商标,情节严重的,处三年以下有期徒刑或者拘役,并处或者单处罚金;情节特别严重的,处三年以上七年以下有期徒刑,并处罚金。

第二百一十四条 销售明知是假冒注册商标的商品,销售金额数额较大的,处三年以下有期徒刑或者拘役,并处或者单处罚金;销售金额数额巨大的,处三年以上七年以下有期徒刑,并处罚金。

第二百一十五条 伪造、擅自制造他人注册商标标识或者销售伪造、擅自制造的注册商标标识,情节严重的,处三年以下有期徒刑、拘役或者管制,并处或者单处罚金;情节特别严重的,处三年以上七年以下有期徒刑,并处罚金。

第二百一十六条 假冒他人专利,情节严重的,处三年以下有期徒刑或者拘役,并处或者单处罚金。

第二百一十七条 以营利为目的,有下列侵犯著作权情形之一,违法所得数额较大或者有其他严重情节的,处三年以下有期徒刑或者拘役,并处或者单处罚金;违法所得数额巨大或者有其他特别严重情节的,处三年以上七年以下有期徒刑,并处罚金:

(一)未经著作权人许可,复制发行其文字作品、音乐、电影、电视、录像作品、计算机软件及其他作品的;

(二)出版他人享有专有出版权的图书的;

(三)未经录音录像制作者许可,复制发行其制作的录音录像的;

(四)制作、出售假冒他人署名的美术作品的。

第二百一十八条 以营利为目的,销售明知是本法第二百一十七条规定的侵权复制品,违法所得数额巨大的,处三年以下有期徒刑或者拘役,并处或者单处罚金。

第二百一十九条 有下列侵犯商业秘密行为之一,给商业秘密的权利人造成重大损失的,处三年以下有期徒刑或者拘役,并处或者单处罚金;造成特别严重后果的,处三年以上七年以下有期徒刑,并处罚金:

(一)以盗窃、利诱、胁迫或者其他不正当手段获取权利人的商业秘密的;

(二)披露、使用或者允许他人使用以前项手段获取的权利人的商业秘密的;

(三)违反约定或者违反权利人有关保守商业秘密的要求,披露、使用或者允许他人使用其所掌握的商业秘密的。

明知或者应知前款所列行为,获取、使用或者披露他人的商业秘密的,以侵犯商业秘密论。

本条所称商业秘密,是指不为公众所知悉,能为权利人带来经济利益,具有实用性并经权利人采取保密措施的技术信息和经营信息。

本条所称权利人,是指商业秘密的所有人和经商业秘密所有人许可的商业秘密使用人。

第二百二十条 单位犯本节第二百一十三条至第二百一十九条规定之罪的,对单位判处罚金,并对其直接负责的主管人员和其他直接责任人员,依照本节各该条的规定处罚。

第八节 扰乱市场秩序罪

第二百二十一条 捏造并散布虚伪事实,损害他人的商业信誉、商品声誉,给他人造成重大损失或者有其他严重情节的,处二年以下有期徒刑或者拘役,并处或者单处罚金。

第二百二十二条 广告主、广告经营者、广告发布者违反国家规定,利用广告对商品或者服务作虚假宣传,情节严重的,处二年以下有期徒刑或者拘役,并处或者单处罚金。

第二百二十三条 投标人相互串通投标报价,损害招标人或者其他投标人利益,情节严重的,处三年以下有期徒刑或者拘役,并处或者单处罚金。

投标人与招标人串通投标,损害国家、集体、公民的合法利益的,依照前款的规定处罚。

第二百二十四条 有下列情形之一,以非法占有为目的,在签订、履行合同过程中,骗取对方当事人财物,数额较大的,处三年以下有期徒刑或者拘役,并处或者单处罚金;数额巨大或者有其他严重情节的,处三年以上十年以下有期徒刑,并处罚金;数额特别巨大或者有其他特别严重情节的,处十年以上有期徒刑或者无期徒刑,并处罚金或者没收财产:

(一)以虚构的单位或者冒用他人名义签订合同的;

(二)以伪造、变造、作废的票据或者其他虚假的产权证明作担保的;

(三)没有实际履行能力,以先履行小额合同或者部分履行合同的方法,诱骗对方当事人继续签订和履行合同的;

(四)收受对方当事人给付的货物、货款、预付款或者担保财产后逃匿的;

(五)以其他方法骗取对方当事人财物的。

组织、领导以推销商品、提供服务等经营活动为名,要求参加者以缴纳费用或者购买商品、服务等方式获得加入资格,并按照一定顺序组成层级,直接或者间接以发展人员的数量作为计酬或者返利依据,引诱、胁迫参加者继续发展他人参加,骗取财物,扰乱经济社会秩序的传销活动的,处五年以下有期徒刑或者拘役,并处罚金;情节严重的,处五年以上有期徒刑,并处罚金。

第二百二十五条 违反国家规定,有下列非法经营行为之一,扰乱市场秩序,情节严重的,处五年以下有期徒刑或者拘役,并处或者单处违法所得一倍以上五倍以下罚金;情节特别严重的,处五年以上有期徒刑,并处违法所得一倍以上五倍以下罚金或者没收财产:

(一)未经许可经营法律、行政法规规定的专营、专卖物品或者其他限制买卖的物品的;

(二)买卖进出口许可证、进出口原产地证明以及其他法律、行政法规规定的经营许可证或者批准文件的;

（三）未经国家有关主管部门批准非法经营证券、期货、保险业务的，或者非法从事资金支付结算业务的；

（四）其他严重扰乱市场秩序的非法经营行为。

第二百二十六条 以暴力、威胁手段，实施下列行为之一，情节严重的，处三年以下有期徒刑或者拘役，并处或者单处罚金；情节特别严重的，处三年以上七年以下有期徒刑，并处罚金：

（一）强买强卖商品的；

（二）强迫他人提供或者接受服务的；

（三）强迫他人参与或者退出投标、拍卖的；

（四）强迫他人转让或者收购公司、企业的股份、债券或者其他资产的；

（五）强迫他人参与或者退出特定的经营活动的。

第二百二十七条 伪造或者倒卖伪造的车票、船票、邮票或者其他有价票证，数额较大的，处二年以下有期徒刑、拘役或者管制，并处或者单处票证价额一倍以上五倍以下罚金；数额巨大的，处二年以上七年以下有期徒刑，并处票证价额一倍以上五倍以下罚金。

倒卖车票、船票，情节严重的，处三年以下有期徒刑、拘役或者管制，并处或者单处票证价额一倍以上五倍以下罚金。

第二百二十八条 以牟利为目的，违反土地管理法规，非法转让、倒卖土地使用权，情节严重的，处三年以下有期徒刑或者拘役，并处或者单处非法转让、倒卖土地使用权价额百分之五以上百分之二十以下罚金；情节特别严重的，处三年以上七年以下有期徒刑，并处非法转让、倒卖土地使用权价额百分之五以上百分之二十以下罚金。

第二百二十九条 承担资产评估、验资、验证、会计、审计、法律服务等职责的中介组织的人员故意提供虚假证明文件，情节严重的，处五年以下有期徒刑或者拘役，并处罚金。

前款规定的人员,索取他人财物或者非法收受他人财物,犯前款罪的,处五年以上十年以下有期徒刑,并处罚金。

第一款规定的人员,严重不负责任,出具的证明文件有重大失实,造成严重后果的,处三年以下有期徒刑或者拘役,并处或者单处罚金。

第二百三十条 违反进出口商品检验法的规定,逃避商品检验,将必须经商检机构检验的进口商品未报经检验而擅自销售、使用,或者将必须经商检机构检验的出口商品未报经检验合格而擅自出口,情节严重的,处三年以下有期徒刑或者拘役,并处或者单处罚金。

第二百三十一条 单位犯本节第二百二十一条至第二百三十条规定之罪的,对单位判处罚金,并对其直接负责的主管人员和其他直接责任人员,依照本节各该条的规定处罚。

第四章 侵犯公民人身权利、民主权利罪

第二百三十二条 故意杀人的,处死刑、无期徒刑或者十年以上有期徒刑;情节较轻的,处三年以上十年以下有期徒刑。

第二百三十三条 过失致人死亡的,处三年以上七年以下有期徒刑;情节较轻的,处三年以下有期徒刑。本法另有规定的,依照规定。

第二百三十四条 故意伤害他人身体的,处三年以下有期徒刑、拘役或者管制。

犯前款罪,致人重伤的,处三年以上十年以下有期徒刑;致人死亡或者以特别残忍手段致人重伤造成严重残疾的,处十年以上有期徒刑、无期徒刑或者死刑。本法另有规定的,依照规定。

组织他人出卖人体器官的,处五年以下有期徒刑,并处罚金;情节严重的,处五年以上有期徒刑,并处罚金或者没收财产。

未经本人同意摘取其器官,或者摘取不满十八周岁的人的器官,或者强迫、欺骗他人捐献器官的,依照本法第二百三十四条、第二百三十

二条的规定定罪处罚。

违背本人生前意愿摘取其尸体器官,或者本人生前未表示同意,违反国家规定,违背其近亲属意愿摘取其尸体器官的,依照本法第三百零二条的规定定罪处罚。

第二百三十五条 过失伤害他人致人重伤的,处三年以下有期徒刑或者拘役。本法另有规定的,依照规定。

第二百三十六条 以暴力、胁迫或者其他手段强奸妇女的,处三年以上十年以下有期徒刑。

奸淫不满十四周岁的幼女的,以强奸论,从重处罚。

强奸妇女、奸淫幼女,有下列情形之一的,处十年以上有期徒刑、无期徒刑或者死刑:

(一)强奸妇女、奸淫幼女情节恶劣的;

(二)强奸妇女、奸淫幼女多人的;

(三)在公共场所当众强奸妇女的;

(四)二人以上轮奸的;

(五)致使被害人重伤、死亡或者造成其他严重后果的。

第二百三十七条 以暴力、胁迫或者其他方法强制猥亵妇女或者侮辱妇女的,处五年以下有期徒刑或者拘役。

聚众或者在公共场所当众犯前款罪的,处五年以上有期徒刑。

猥亵儿童的,依照前两款的规定从重处罚。

第二百三十八条 非法拘禁他人或者以其他方法非法剥夺他人人身自由的,处三年以下有期徒刑、拘役、管制或者剥夺政治权利。具有殴打、侮辱情节的,从重处罚。

犯前款罪,致人重伤的,处三年以上十年以下有期徒刑;致人死亡的,处十年以上有期徒刑。使用暴力致人伤残、死亡的,依照本法第二百三十四条、第二百三十二条的规定定罪处罚。

为索取债务非法扣押、拘禁他人的,依照前两款的规定处罚。

国家机关工作人员利用职权犯前三款罪的,依照前三款的规定从重处罚。

第二百三十九条 以勒索财物为目的绑架他人的,或者绑架他人作为人质的,处十年以上有期徒刑或者无期徒刑,并处罚金或者没收财产;情节较轻的,处五年以上十年以下有期徒刑,并处罚金。

犯前款罪,致使被绑架人死亡或者杀害被绑架人的,处死刑,并处没收财产。

以勒索财物为目的偷盗婴幼儿的,依照前两款的规定处罚。

第二百四十条 拐卖妇女、儿童的,处五年以上十年以下有期徒刑,并处罚金;有下列情形之一的,处十年以上有期徒刑或者无期徒刑,并处罚金或者没收财产;情节特别严重的,处死刑,并处没收财产:

(一)拐卖妇女、儿童集团的首要分子;

(二)拐卖妇女、儿童三人以上的;

(三)奸淫被拐卖的妇女的;

(四)诱骗、强迫被拐卖的妇女卖淫或者将被拐卖的妇女卖给他人迫使其卖淫的;

(五)以出卖为目的,使用暴力、胁迫或者麻醉方法绑架妇女、儿童的;

(六)以出卖为目的,偷盗婴幼儿的;

(七)造成被拐卖的妇女、儿童或者其亲属重伤、死亡或者其他严重后果的;

(八)将妇女、儿童卖往境外的。

拐卖妇女、儿童是指以出卖为目的,有拐骗、绑架、收买、贩卖、接送、中转妇女、儿童的行为之一的。

第二百四十一条 收买被拐卖的妇女、儿童的,处三年以下有期徒刑、拘役或者管制。

收买被拐卖的妇女,强行与其发生性关系的,依照本法第二百三十六条的规定定罪处罚。

收买被拐卖的妇女、儿童,非法剥夺、限制其人身自由或者有伤害、侮辱等犯罪行为的,依照本法的有关规定定罪处罚。

收买被拐卖的妇女、儿童,并有第二款、第三款规定的犯罪行为的,依照数罪并罚的规定处罚。

收买被拐卖的妇女、儿童又出卖的,依照本法第二百四十条的规定定罪处罚。

收买被拐卖的妇女、儿童,按照被买妇女的意愿,不阻碍其返回原居住地的,对被买儿童没有虐待行为,不阻碍对其进行解救的,可以不追究刑事责任。

第二百四十二条 以暴力、威胁方法阻碍国家机关工作人员解救被收买的妇女、儿童的,依照本法第二百七十七条的规定定罪处罚。

聚众阻碍国家机关工作人员解救被收买的妇女、儿童的首要分子,处五年以下有期徒刑或者拘役;其他参与者使用暴力、威胁方法的,依照前款的规定处罚。

第二百四十三条 捏造事实诬告陷害他人,意图使他人受刑事追究,情节严重的,处三年以下有期徒刑、拘役或者管制;造成严重后果的,处三年以上十年以下有期徒刑。

国家机关工作人员犯前款罪的,从重处罚。

不是有意诬陷,而是错告,或者检举失实的,不适用前两款的规定。

第二百四十四条 以暴力、威胁或者限制人身自由的方法强迫他人劳动的,处三年以下有期徒刑或者拘役,并处罚金;情节严重的,处三年以上十年以下有期徒刑,并处罚金。

明知他人实施前款行为,为其招募、运送人员或者有其他协助强迫他人劳动行为的,依照前款的规定处罚。

单位犯前两款罪的,对单位判处罚金,并对其直接负责的主管人员和其他直接责任人员,依照第一款的规定处罚。

第二百四十五条 非法搜查他人身体、住宅,或者非法侵入他人住宅的,处三年以下有期徒刑或者拘役。

司法工作人员滥用职权,犯前款罪的,从重处罚。

第二百四十六条 以暴力或者其他方法公然侮辱他人或者捏造事实诽谤他人,情节严重的,处三年以下有期徒刑、拘役、管制或者剥夺政治权利。

前款罪,告诉的才处理,但是严重危害社会秩序和国家利益的除外。

第二百四十七条 司法工作人员对犯罪嫌疑人、被告人实行刑讯逼供或者使用暴力逼取证人证言的,处三年以下有期徒刑或者拘役。致人伤残、死亡的,依照本法第二百三十四条、第二百三十二条的规定定罪从重处罚。

第二百四十八条 监狱、拘留所、看守所等监管机构的监管人员对被监管人进行殴打或者体罚虐待,情节严重的,处三年以下有期徒刑或者拘役;情节特别严重的,处三年以上十年以下有期徒刑。致人伤残、死亡的,依照本法第二百三十四条、第二百三十二条的规定定罪从重处罚。

监管人员指使被监管人殴打或者体罚虐待其他被监管人的,依照前款的规定处罚。

第二百四十九条 煽动民族仇恨、民族歧视,情节严重的,处三年以下有期徒刑、拘役、管制或者剥夺政治权利;情节特别严重的,处三年以上十年以下有期徒刑。

第二百五十条 在出版物中刊载歧视、侮辱少数民族的内容,情节恶劣,造成严重后果的,对直接责任人员,处三年以下有期徒刑、拘役或者管制。

第二百五十一条 国家机关工作人员非法剥夺公民的宗教信仰自由和侵犯少数民族风俗习惯,情节严重的,处二年以下有期徒刑或者拘役。

第二百五十二条 隐匿、毁弃或者非法开拆他人信件,侵犯公民通信自由权利,情节严重的,处一年以下有期徒刑或者拘役。

第二百五十三条 邮政工作人员私自开拆或者隐匿、毁弃邮件、电报的,处二年以下有期徒刑或者拘役。

犯前款罪而窃取财物的,依照本法第二百六十四条的规定定罪从重处罚。

国家机关或者金融、电信、交通、教育、医疗等单位的工作人员,违反国家规定,将本单位在履行职责或者提供服务过程中获得的公民个人信息,出售或者非法提供给他人,情节严重的,处三年以下有期徒刑或者拘役,并处或者单处罚金。

窃取或者以其他方法非法获取上述信息,情节严重的,依照前款的规定处罚。

单位犯前两款罪的,对单位判处罚金,并对其直接负责的主管人员和其他直接责任人员,依照各该款的规定处罚。

第二百五十四条 国家机关工作人员滥用职权、假公济私,对控告人、申诉人、批评人、举报人实行报复陷害的,处二年以下有期徒刑或者拘役;情节严重的,处二年以上七年以下有期徒刑。

第二百五十五条 公司、企业、事业单位、机关、团体的领导人,对依法履行职责、抵制违反会计法、统计法行为的会计、统计人员实行打击报复,情节恶劣的,处三年以下有期徒刑或者拘役。

第二百五十六条 在选举各级人民代表大会代表和国家机关领导

人员时，以暴力、威胁、欺骗、贿赂、伪造选举文件、虚报选举票数等手段破坏选举或者妨害选民和代表自由行使选举权和被选举权，情节严重的，处三年以下有期徒刑、拘役或者剥夺政治权利。

第二百五十七条 以暴力干涉他人婚姻自由的，处二年以下有期徒刑或者拘役。

犯前款罪，致使被害人死亡的，处二年以上七年以下有期徒刑。

第一款罪，告诉的才处理。

第二百五十八条 有配偶而重婚的，或者明知他人有配偶而与之结婚的，处二年以下有期徒刑或者拘役。

第二百五十九条 明知是现役军人的配偶而与之同居或者结婚的，处三年以下有期徒刑或者拘役。

利用职权、从属关系，以胁迫手段奸淫现役军人的妻子的，依照本法第二百三十六条的规定定罪处罚。

第二百六十条 虐待家庭成员，情节恶劣的，处二年以下有期徒刑、拘役或者管制。

犯前款罪，致使被害人重伤、死亡的，处二年以上七年以下有期徒刑。

第一款罪，告诉的才处理。

第二百六十一条 对于年老、年幼、患病或者其他没有独立生活能力的人，负有扶养义务而拒绝扶养，情节恶劣的，处五年以下有期徒刑、拘役或者管制。

第二百六十二条 拐骗不满十四周岁的未成年人，脱离家庭或者监护人的，处五年以下有期徒刑或者拘役。

以暴力、胁迫手段组织残疾人或者不满十四周岁的未成年人乞讨的，处三年以下有期徒刑或者拘役，并处罚金；情节严重的，处三年以上七年以下有期徒刑，并处罚金。

组织未成年人进行盗窃、诈骗、抢夺、敲诈勒索等违反治安管理活动的,处三年以下有期徒刑或者拘役,并处罚金;情节严重的,处三年以上七年以下有期徒刑,并处罚金。

第五章　侵犯财产罪

第二百六十三条　以暴力、胁迫或者其他方法抢劫公私财物的,处三年以上十年以下有期徒刑,并处罚金;有下列情形之一的,处十年以上有期徒刑、无期徒刑或者死刑,并处罚金或者没收财产:

(一)入户抢劫的;

(二)在公共交通工具上抢劫的;

(三)抢劫银行或者其他金融机构的;

(四)多次抢劫或者抢劫数额巨大的;

(五)抢劫致人重伤、死亡的;

(六)冒充军警人员抢劫的;

(七)持枪抢劫的;

(八)抢劫军用物资或者抢险、救灾、救济物资的。

第二百六十四条　盗窃公私财物,数额较大的,或者多次盗窃、入户盗窃、携带凶器盗窃、扒窃的,处三年以下有期徒刑、拘役或者管制,并处或者单处罚金;数额巨大或者有其他严重情节的,处三年以上十年以下有期徒刑,并处罚金;数额特别巨大或者有其他特别严重情节的,处十年以上有期徒刑或者无期徒刑,并处罚金或者没收财产。

第二百六十五条　以牟利为目的,盗接他人通信线路、复制他人电信码号或者明知是盗接、复制的电信设备、设施而使用的,依照本法第二百六十四条的规定定罪处罚。

第二百六十六条　诈骗公私财物,数额较大的,处三年以下有期徒刑、拘役或者管制,并处或者单处罚金;数额巨大或者有其他严重情节的,处三年以上 十年以下有期徒刑,并处罚金;数额特别巨大或者有其他特别严重情节的,处十年以上有期徒刑或者无期徒刑,并处罚金或者没收财产。本法另有规定的,依照规定。

第二百六十七条 抢夺公私财物,数额较大的,处三年以下有期徒刑、拘役或者管制,并处或者单处罚金;数额巨大或者有其他严重情节的,处三年以上 十年以下有期徒刑,并处罚金;数额特别巨大或者有其他特别严重情节的,处十年以上有期徒刑或者无期徒刑,并处罚金或者没收财产。

携带凶器抢夺的,依照本法第二百六十三条的规定定罪处罚。

第二百六十八条 聚众哄抢公私财物,数额较大或者有其他严重情节的,对首要分子和积极参加的,处三年以下有期徒刑、拘役或者管制,并处罚金;数额巨大或者有其他特别严重情节的,处三年以上十年以下有期徒刑,并处罚金。

第二百六十九条 犯盗窃、诈骗、抢夺罪,为窝藏赃物、抗拒抓捕或者毁灭罪证而当场使用暴力或者以暴力相威胁的,依照本法第二百六十三条的规定定罪处罚。

第二百七十条 将代为保管的他人财物非法占为己有,数额较大,拒不退还的,处二年以下有期徒刑、拘役或者罚金;数额巨大或者有其他严重情节的,处二年以上五年以下有期徒刑,并处罚金。

将他人的遗忘物或者埋藏物非法占为己有,数额较大,拒不交出的,依照前款的规定处罚。

本条罪,告诉的才处理。

第二百七十一条 公司、企业或者其他单位的人员,利用职务上的便利,将本单位财物非法占为己有,数额较大的,处五年以下有期徒刑或者拘役;数额巨大的,处五年以上有期徒刑,可以并处没收财产。

国有公司、企业或者其他国有单位中从事公务的人员和国有公司、企业或者其他国有单位委派到非国有公司、企业以及其他单位从事公务的人员有前款行为的,依照本法第三百八十二条、第三百八十三条的规定定罪处罚。

第二百七十二条 公司、企业或者其他单位的工作人员,利用职务上的便利,挪用本单位资金归个人使用或者借贷给他人,数额较大、超过三个月未还 的,或者虽未超过三个月,但数额较大、进行营利活动的,或者进行非法活动的,处三年以下有期徒刑或者拘役;挪用本单位资金数额巨大的,或者数额较大不退还 的,处三年以上十年以下有期徒刑。

国有公司、企业或者其他国有单位中从事公务的人员和国有公司、企业或者其他国有单位委派到非国有公司、企业以及其他单位从事公务的人员有前款行为的,依照本法第三百八十四条的规定定罪处罚。

第二百七十三条 挪用用于救灾、抢险、防汛、优抚、扶贫、移民、救济款物,情节严重,致使国家和人民群众利益遭受重大损害的,对直接责任人员,处三年以下有期徒刑或者拘役;情节特别严重的,处三年以上七年以下有期徒刑。

第二百七十四条 敲诈勒索公私财物,数额较大或者多次敲诈勒索的,处三年以下有期徒刑、拘役或者管制,并处或者单处罚金;数额巨大或者有其他严重情节的,处三年以上十年以下有期徒刑,并处罚金;数额特别巨大或者有其他特别严重情节的,处十年以上有期徒刑,并处罚金。

第二百七十五条 故意毁坏公私财物,数额较大或者有其他严重情节的,处三年以下有期徒刑、拘役或者罚金;数额巨大或者有其他特别严重情节的,处三年以上七年以下有期徒刑。

第二百七十六条 由于泄愤报复或者其他个人目的,毁坏机器设备、残害耕畜或者以其他方法破坏生产经营的,处三年以下有期徒刑、拘役或者管制;情节严重的,处三年以上七年以下有期徒刑。

以转移财产、逃匿等方法逃避支付劳动者的劳动报酬或者有能力支付而不支付劳动者的劳动报酬,数额较大,经政府有关部门责令支付仍不支付的,处三年以下有期徒刑或者拘役,并处或者单处罚金;造成严重后果的,处三年以上七年以下有期徒刑,并处罚金。

单位犯前款罪的,对单位判处罚金,并对其直接负责的主管人员和其他直接责任人员,依照前款的规定处罚。

有前两款行为,尚未造成严重后果,在提起公诉前支付劳动者的劳动报酬,并依法承担相应赔偿责任的,可以减轻或者免除处罚。

第六章　妨害社会管理秩序罪

第一节　扰乱公共秩序罪

第二百七十七条　以暴力、威胁方法阻碍国家机关工作人员依法执行职务的,处三年以下有期徒刑、拘役、管制或者罚金。

以暴力、威胁方法阻碍全国人民代表大会和地方各级人民代表大会代表依法执行代表职务的,依照前款的规定处罚。

在自然灾害和突发事件中,以暴力、威胁方法阻碍红十字会工作人员依法履行职责的,依照第一款的规定处罚。

故意阻碍国家安全机关、公安机关依法执行国家安全工作任务,未使用暴力、威胁方法,造成严重后果的,依照第一款的规定处罚。

第二百七十八条　煽动群众暴力抗拒国家法律、行政法规实施的,处三年以下有期徒刑、拘役、管制或者剥夺政治权利;造成严重后果的,处三年以上七年以下有期徒刑。

第二百七十九条　冒充国家机关工作人员招摇撞骗的,处三年以下有期徒刑、拘役、管制或者剥夺政治权利;情节严重的,处三年以上十年以下有期徒刑。

冒充人民警察招摇撞骗的,依照前款的规定从重处罚。

第二百八十条 伪造、变造、买卖或者盗窃、抢夺、毁灭国家机关的公文、证件、印章的,处三年以下有期徒刑、拘役、管制或者剥夺政治权利;情节严重的,处三年以上十年以下有期徒刑。

伪造公司、企业、事业单位、人民团体的印章的,处三年以下有期徒刑、拘役、管制或者剥夺政治权利。

伪造、变造居民身份证的,处三年以下有期徒刑、拘役、管制或者剥夺政治权利;情节严重的,处三年以上七年以下有期徒刑。

第二百八十一条 非法生产、买卖人民警察制式服装、车辆号牌等专用标志、警械,情节严重的,处三年以下有期徒刑、拘役或者管制,并处或者单处罚金。

单位犯前款罪的,对单位判处罚金,并对其直接负责的主管人员和其他直接责任人员,依照前款的规定处罚。

第二百八十二条 以窃取、刺探、收买方法,非法获取国家秘密的,处三年以下有期徒刑、拘役、管制或者剥夺政治权利;情节严重的,处三年以上七年以下有期徒刑。

非法持有属于国家绝密、机密的文件、资料或者其他物品,拒不说明来源与用途的,处三年以下有期徒刑、拘役或者管制。

第二百八十三条 非法生产、销售窃听、窃照等专用间谍器材的,处三年以下有期徒刑、拘役或者管制。

第二百八十四条 非法使用窃听、窃照专用器材,造成严重后果的,处二年以下有期徒刑、拘役或者管制。

第二百八十五条 违反国家规定,侵入国家事务、国防建设、尖端科学技术领域的计算机信息系统的,处三年以下有期徒刑或者拘役。

违反国家规定,侵入前款规定以外的计算机信息系统或者采用其他技术手段,获取该计算机信息系统中存储、处理或者传输的数据,或者对该计算机信息系统实施非法控制,情节严重的,处三年以下有期徒刑或者拘役,并处或者单处罚金;情节特别严重的,处三年以上七年以下有期徒刑,并处罚金。

提供专门用于侵入、非法控制计算机信息系统的程序、工具,或者明知他人实施侵入、非法控制计算机信息系统的违法犯罪行为而为其提供程序、工具,情节严重的,依照前款的规定处罚。

第二百八十六条 违反国家规定,对计算机信息系统功能进行删除、修改、增加、干扰,造成计算机信息系统不能正常运行,后果严重的,处五年以下有期徒刑或者拘役;后果特别严重的,处五年以上有期徒刑。

违反国家规定,对计算机信息系统中存储、处理或者传输的数据和应用程序进行删除、修改、增加的操作,后果严重的,依照前款的规定处罚。

故意制作、传播计算机病毒等破坏性程序,影响计算机系统正常运行,后果严重的,依照第一款的规定处罚。

第二百八十七条 利用计算机实施金融诈骗、盗窃、贪污、挪用公款、窃取国家秘密或者其他犯罪的,依照本法有关规定定罪处罚。

第二百八十八条 违反国家规定,擅自设置、使用无线电台(站),或者擅自占用频率,经责令停止使用后拒不停止使用,干扰无线电通讯正常进行,造成严重后果的,处三年以下有期徒刑、拘役或者管制,并处或者单处罚金。

单位犯前款罪的,对单位判处罚金,并对其直接负责的主管人员和其他直接责任人员,依照前款的规定处罚。

第二百八十九条 聚众"打砸抢",致人伤残、死亡的,依照本法第二百三十四条、第二百三十二条的规定定罪处罚。毁坏或者抢走公私财物的,除判令退赔外,对首要分子,依照本法第二百六十三条的规定定罪处罚。

第二百九十条 聚众扰乱社会秩序,情节严重,致使工作、生产、营业和教学、科研无法进行,造成严重损失的,对首要分子,处三年以上七年以下有期徒刑;对其他积极参加的,处三年以下有期徒刑、拘役、管制或者剥夺政治权利。

聚众冲击国家机关,致使国家机关工作无法进行,造成严重损失的,对首要分子,处五年以上十年以下有期徒刑;对其他积极参加的,处五年以下有期徒刑、拘役、管制或者剥夺政治权利。

第二百九十一条 聚众扰乱车站、码头、民用航空站、商场、公园、影剧院、展览会、运动场或者其他公共场所秩序,聚众堵塞交通或者破坏交通秩序,抗拒、阻碍国家治安管理工作人员依法执行职务,情节严重的,对首要分子,处五年以下有期徒刑、拘役或者管制。

第二百九十二条 聚众斗殴的,对首要分子和其他积极参加的,处三年以下有期徒刑、拘役或者管制;有下列情形之一的,对首要分子和其他积极参加的,处三年以上十年以下有期徒刑:

(一)多次聚众斗殴的;

(二)聚众斗殴人数多,规模大,社会影响恶劣的;

(三)在公共场所或者交通要道聚众斗殴,造成社会秩序严重混乱的;

(四)持械聚众斗殴的。

聚众斗殴,致人重伤、死亡的,依照本法第二百三十四条、第二百三十二条的规定定罪处罚。

第二百九十三条 有下列寻衅滋事行为之一,破坏社会秩序的,处五年以下有期徒刑、拘役或者管制:

(一)随意殴打他人,情节恶劣的;

(二)追逐、拦截、辱骂、恐吓他人,情节恶劣的;

(三)强拿硬要或者任意损毁、占用公私财物,情节严重的;

(四)在公共场所起哄闹事,造成公共场所秩序严重混乱的。

纠集他人多次实施前款行为,严重破坏社会秩序的,处五年以上十年以下有期徒刑,可以并处罚金。

第二百九十四条 组织、领导黑社会性质的组织的,处七年以上有期徒刑,并处没收财产;积极参加的,处三年以上七年以下有期徒刑,可以并处罚金或者没收财产;其他参加的,处三年以下有期徒刑、拘役、管制或者剥夺政治权利,可以并处罚金。

境外的黑社会组织的人员到中华人民共和国境内发展组织成员的,处三年以上十年以下有期徒刑。

国家机关工作人员包庇黑社会性质的组织,或者纵容黑社会性质的组织进行违法犯罪活动的,处五年以下有期徒刑;情节严重的,处五年以上有期徒刑。

犯前三款罪又有其他犯罪行为的,依照数罪并罚的规定处罚。

黑社会性质的组织应当同时具备以下特征:

(一)形成较稳定的犯罪组织,人数较多,有明确的组织者、领导者,骨干成员基本固定;

(二)有组织地通过违法犯罪活动或者其他手段获取经济利益,具有一定的经济实力,以支持该组织的活动;

(三)以暴力、威胁或者其他手段,有组织地多次进行违法犯罪活动,为非作恶,欺压、残害群众;

(四)通过实施违法犯罪活动,或者利用国家工作人员的包庇或者纵容,称霸一方,在一定区域或者行业内,形成非法控制或者重大影响,严重破坏经济、社会生活秩序。

第二百九十五条 传授犯罪方法的,处五年以下有期徒刑、拘役或者管制;情节严重的,处五年以上十年以下有期徒刑;情节特别严重的,处十年以上有期徒刑或者无期徒刑。

第二百九十六条　举行集会、游行、示威,未依照法律规定申请或者申请未获许可,或者未按照主管机关许可的起止时间、地点、路线进行,又拒不服从 解散命令,严重破坏社会秩序的,对集会、游行、示威的负责人和直接责任人员,处五年以下有期徒刑、拘役、管制或者剥夺政治权利。

第二百九十七条　违反法律规定,携带武器、管制刀具或者爆炸物参加集会、游行、示威的,处三年以下有期徒刑、拘役、管制或者剥夺政治权利。

第二百九十八条　扰乱、冲击或者以其他方法破坏依法举行的集会、游行、示威,造成公共秩序混乱的,处五年以下有期徒刑、拘役、管制或者剥夺政治权利。

第二百九十九条　在公众场合故意以焚烧、毁损、涂划、玷污、践踏等方式侮辱中华人民共和国国旗、国徽的,处三年以下有期徒刑、拘役、管制或者剥夺政治权利。

第三百条　组织和利用会道门、邪教组织或者利用迷信破坏国家法律、行政法规实施的,处三年以上七年以下有期徒刑;情节特别严重的,处七年以上有期徒刑。

组织和利用会道门、邪教组织或者利用迷信蒙骗他人,致人死亡的,依照前款的规定处罚。

组织和利用会道门、邪教组织或者利用迷信奸淫妇女、诈骗财物的,分别依照本法第二百三十六条、第二百六十六条的规定定罪处罚。

第三百零一条　聚众进行淫乱活动的,对首要分子或者多次参加的,处五年以下有期徒刑、拘役或者管制。

引诱未成年人参加聚众淫乱活动的,依照前款的规定从重处罚。

第三百零二条 盗窃、侮辱尸体的,处三年以下有期徒刑、拘役或者管制。

第三百零三条 以营利为目的,聚众赌博或者以赌博为业的,处三年以下有期徒刑、拘役或者管制,并处罚金。

"开设赌场的,处三年以下有期徒刑、拘役或者管制,并处罚金;情节严重的,处三年以上十年以下有期徒刑,并处罚金。

第三百零四条 邮政工作人员严重不负责任,故意延误投递邮件,致使公共财产、国家和人民利益遭受重大损失的,处二年以下有期徒刑或者拘役。